邏輯思考的技術

的技術

寫作、簡報、
解決問題的
有效方法

照屋華子
岡田惠子 ——著　　郭菀琪——譯

經典
紀念版

Logical
Thinking

經營管理 44

邏輯思考的技術：寫作、簡報、解決問題的有效方法
（經典紀念版）

作　　　者　照屋華子、岡田惠子
譯　　　者　郭菀琪
責 任 編 輯　林博華
行 銷 業 務　劉順眾、顏宏紋、李君宜

總　編　輯　林博華
發　行　人　凃玉雲
出　　　版　經濟新潮社
　　　　　　104台北市民生東路二段141號5樓
　　　　　　電話：(02) 2500-7696　傳真：(02) 2500-1955
　　　　　　經濟新潮社部落格：http://ecocite.pixnet.net
發　　　行　英屬蓋曼群島商家庭傳媒股份有限公司城邦分公司
　　　　　　台北市中山區民生東路二段141號11樓
　　　　　　客服服務專線：02-25007718；25007719
　　　　　　24小時傳真專線：02-25001990；25001991
　　　　　　服務時間：週一至週五上午09:30-12:00；下午13:30-17:00
　　　　　　劃撥帳號：19863813；戶名：書虫股份有限公司
　　　　　　讀者服務信箱：service@readingclub.com.tw
香港發行所　城邦（香港）出版集團有限公司
　　　　　　香港灣仔駱克道193號東超商業中心1樓
　　　　　　電話：852-25086231　傳真：852-25789337
　　　　　　E-mail: hkcite@biznetvigator.com
馬新發行所　城邦（馬新）出版集團 Cite (M) Sdn Bhd
　　　　　　41, Jalan Radin Anum, Bandar Baru Sri Petaling,
　　　　　　57000 Kuala Lumpur, Malaysia
　　　　　　電話：603-90578822　傳真：603-90576622
　　　　　　E-mail: cite@cite.com.my
印　　　刷　一展彩色製版有限公司
初 版 一 刷　2006年11月1日
三 版 一 刷　2022年7月5日

城邦讀書花園
www.cite.com.tw

ISBN：978-626-96153-3-9、978-626-96153-4-6(EPUB)　　版權所有‧翻印必究

定價：360元　　　　　　　　　　　　　　　　　　　Printed in Taiwan

〈出版緣起〉

我們在商業性、全球化的世界中生活

經濟新潮社編輯部

　　跨入二十一世紀，放眼這個世界，不能不感到這是「全球化」及「商業力量無遠弗屆」的時代。隨著資訊科技的進步、網路的普及，我們可以輕鬆地和認識或不認識的朋友交流；同時，企業巨人在我們日常生活中所扮演的角色，也是日益重要，甚至不可或缺。

　　在這樣的背景下，我們可以說，無論是企業或個人，都面臨了巨大的挑戰與無限的機會。

　　本著「以人為本位，在商業性、全球化的世界中生活」為宗旨，我們成立了「經濟新潮社」，以探索未來的經營管理、經濟趨勢、投資理財為目標，使讀者能更快掌握時代的脈動，抓住最新的趨勢，並在全球化的世界裏，過更人性的生活。

　　之所以選擇「**經營管理—經濟趨勢—投資理財**」為主要

目標，其實包含了我們的關注：「經營管理」是企業體（或非營利組織）的成長與永續之道；「投資理財」是個人的安身之道；而「經濟趨勢」則是會影響這兩者的變數。綜合來看，可以涵蓋我們所關注的「個人生活」和「組織生活」這兩個面向。

這也可以說明我們命名為「**經濟新潮**」的緣由—因為經濟狀況變化萬千，最終還是群眾心理的反映，離不開「人」的因素；這也是我們「以人為本位」的初衷。

手機廣告裏有一句名言：「科技始終來自人性。」我們倒期待「商業始終來自人性」，並努力在往後的編輯與出版的過程中實踐。

目次

第2篇　利用邏輯來整理思考

第3篇　建構邏輯的技巧

前言

多變的商業環境，人們需要的邏輯／溝通能力

　　企業所面對的環境，在最近十年有了相當大的轉變——從泡沫經濟破滅，到至今仍持續的前所未見的長期經濟停滯。在低經濟成長的環境中，如何才能提升利潤，這個問題使曾經沉寂一時的股東承受極大的壓力。即使是大企業也無法安心，必須戰戰兢兢地努力經營。企業面臨了前所未有的重整需求，各企業間的合併、購併猶如家常便飯。

　　隨著這些變化，商業上的溝通領域也發生了相當大的變化，在各行各業職場最前線的人，有越來越多機會要面對以下的問題：

　　「在提出解決方案時，如何掌握住顧客的問題點，以及要如何系統性地解決問題的說服力，已變得不可或缺。」（電腦網路相關業界）

　　「顧客本身也不清楚問題在哪裡，但是顧客的危機意識很強，總覺得該做些什麼事。因此在和顧客討論的時候，能

夠正確解讀對方的問題，並且做出正確回答的能力變得很重要。」（服務業）

「和供應商之間也必須建立新的關係。讓供應商也能了解目前的狀況如何、為什麼需要新的想法，而在這當中我們公司想做什麼，所以希望供應商如何配合，這是非常重要的。」（製造業）

「現場人手不足所以經常在趕工，可能因此而減少了溝通機會吧，通知函等等資訊時常無法徹底傳達。所以發出資訊的部門，有必要比以往更有條理、快速地傳達訊息。」（服務業）

「在業界重整的風暴中，再也不能以為自己永遠不必和其他公司攜手合作。今後，不像以前那樣光是靠交情，事情就能順利進展。人們必須具備和不同背景或文化的人認真依據邏輯討論、傳達自己認為正確的想法，進而說服對方的能力。」（金融業）

不論哪個行業，都不能不溝通。商場上的變化帶動溝通文化也必須改變，這是很自然的。在商場上需要溝通的對象有顧客、交易對象、合作對象，或股東、消費者，以及上司、屬下、同事、相關部門等各式各樣的關係。你必須將自己

或組織的想法傳達給這些有各種利害關係的人，讓他們容易理解並贊同，而照著你所想的去做。藉由成功的溝通讓所有事務往前邁進，早日確實地達成成果，如今對於這種能力的需求已比往日提高許多。

作者認為要符合這種需求，最有效的手段就是「邏輯／溝通」，邏輯／溝通聽起來也許有點深奧，其實就是「藉由傳達符合邏輯的訊息，說服對方，讓對方能表現出自己所希望得到的反應」。

每個人都能成為「有邏輯的傳達者」

有很多商業人士已經發現邏輯／溝通的重要性，但是很可惜，大部分的人都無法建立有系統的方法論，因此不知道具體上應該怎麼傳達，才能讓對方容易理解。

的確有些人認為靠著自己摸索總會找出辦法，若在自己熟悉的領域，以自己的方式可能可以順利解決，但是當碰到全新的領域或問題時，就只能投降了，自己的方式不是到處都行得通。或者，就算自己會，也很難指導屬下。而且如果整個組織能建立起共通的溝通語言，就可以迅速提升各項活動的生產力，這也是以自己的方式很難累積經驗而達到的部分。

本書的目的，就是介紹有系統而且容易執行的邏輯／溝通技巧。

　　本書兩位作者是邏輯／溝通的專家。其中一位是以邏輯／溝通為主要工作的經營顧問，所謂顧問就是對客戶所擁有的各種問題建議解決的方案，並協助客戶執行解決方案。因此，以邏輯說明讓客戶了解他們所面臨的現狀或了解用以解決問題的提案之後，而由客戶自己決定是否執行，這類的溝通不可或缺，而且極為重要。

　　作者在這樣的溝通過程中，是站在客戶的角度，確認顧問團隊的訊息是否容易理解，結構上是否符合邏輯而具有說服力。也就是說，為了使傳達者的訊息能讓接收者容易理解並且贊同，作者是從「應該滿足的要素是否齊備」、「從所提供的資訊是否可以導出這個結論」、「結論與其他要素應該組合成什麼樣的結構」的觀點進行建議以及具體的改善方案。本書將介紹我們在從事顧問工作中所培養出來的「邏輯／溝通技術」。

　　當然，這樣的技術不是只在顧問或制定策略等特定領域才有效，舉凡與顧客接觸或進行產品說明，或在晨間會議上交辦工作、簡報、聯絡等日常的小規模溝通，也都可以適用。而且，之所以敢稱為「技術」，正因為到目前為止的經驗，讓作者確信只要經過訓練，任何人都可以學會。

　　一般提到溝通能力，會傾向認為「那個人的文章簡直是渾然天成」、「他的說話技巧真是與生俱來……」，取決於感覺或天賦的優劣。的確天分也是很重要的，但是在職場的溝通上建構好基礎平台之後，天分只是增添色彩而已，這個基

礎平台就是「邏輯／溝通」。

本書的結構與特色

本書可分為三部分。

在第1篇中，說明要成為有邏輯的傳達者的第一步，例如報告書的草稿等，在進行溝通的具體準備工作之前，必須先確認的幾個重點（第1章、第2章）。

在第2篇將介紹，可將傳達者腦中或手邊的各種資訊資料，整理成製作「邏輯」的「零件」所需之「利用邏輯整理思考的技術」，包括MECE（第3章）與「So What?/Why So?」（第4章）這兩項技術。

而在第3篇談到，可將各個「零件」組合成「邏輯」的「建構邏輯的技術」。定義出「邏輯」的結構（第5章）；在商業上很實用的兩種邏輯類型——並列型與解說型（第6章）；以及運用這些技術的要訣（第7章）。

如果你能夠靈活運用MECE與「So What?/Why So?」這兩項「利用邏輯整理思考的技術」，以及並列型與解說型這兩項「建構邏輯的技術」，總共四種建構邏輯的技術的話，你就可以建立起「邏輯／溝通」的基礎平台了。剩下的就是將所建構的邏輯結構內容說出來或寫出來而已。當然寫與說的技術也很重要，但是這部分等以後有機會再介紹，本書的焦點將放在建立邏輯結構的基礎平台的部分。

為了使讀者熟悉上述四種技術，並善加運用，除了在企業訓練等累積的經驗之外，本書特別加強以下幾點：

第一，為了讓讀者能印證到工作上，獲得確實的理解，本書盡可能蒐集一些符合日本商業界的案例，讓讀者能了解到「真的可以這樣做」。

第二，在第3章、第4章、第6章、第7章的最後設有「重點練習」，讓讀者實際嘗試運用這四項技術。其中包含附帶解題方法的說明與解答例的例題，以及附有解題提示的各種問題，希望各位確實去做做看。

最後，希望讀者最好從第一章開始讀，但是為了讓那些從有興趣或必要的部分開始讀的人也能夠理解，重點部分在各章節都再重複說明。

在商業環境大幅變化當中，許多商業人士很有心要開發自己的能力。希望各位能習得所有職場上都需要的邏輯／溝通技術。如果本書對各位習得該技術有任何幫助的話，將是作者最大的喜悅。

開始溝通之前

　　所謂溝通，就是與對方以「訊息」（message）玩傳接球的遊戲。那麼，所謂的「訊息」是什麼呢？而「訊息」所必備的構成要件又是什麼？

　　針對這兩個問題，你是否有自信能夠回答？如果你想回答「訊息」就是把自己想說的加以摘要，或者是自己想傳達的真意，或認為「訊息」的內容在各個時間點都不同，所以也無法確定出構成要件的話，你一定要看本書的第1篇。

　　有不少商業人士會煩惱說，自己明明已經特別注意說話與書寫的邏輯了，卻還是無法順利地將自己的想法傳達給對方。對於有這種苦惱的人，筆者總是給予同樣的建議。

　　我總是告訴他們：「向別人傳達事情的時候，在思考該如何統整想說的話、怎麼說、怎麼寫等等之前，一定要先確認主題（問題），以及希望得到的對方的反應是什麼。」

　　在整理自己的想法形成邏輯之前，先確認上述兩點，是成為說話有邏輯的溝通高手的第一步。關於這一點，在本書第1篇中，將一邊詳加解釋什麼是「向對方傳達」，一邊進行解說。

第1章

所謂「溝通」這件事

一、你是不是得了「只看得見自己的病」或 「瞬間讀心術症候群」？

　　將自己的想法傳達給對方，讓對方說「嗯」，或者得到對方的某種建議，而更加焠煉自己的想法──不論各行各業，工作就是一連串與別人的溝通，互相交換資訊、想法及提案。藉由電子郵件等IT技術的革新，資訊傳到對方手中的速度更是迅速往上攀升。

　　但是，問題在於你的想法或提案傳到對方手中之後的事。對方讀到或聽到之後，你的想法或提案從正確輸入對方的腦袋裡，到在思考迴路中正確得到理解的時間，到對方表現出你所期望的反應的時間──如何縮短這些時間，就成為商場上的成敗關鍵。這個部分即使IT技術再發達也幫不上忙，因為關鍵在於傳達者的技巧。

　　於是，為了讓對方了解自己想說的話以及自己認為重要的事，你開始煩惱該怎麼辦。很可能你為了要好好統整想說

的話，而不斷修改提案書或報告書，或者，將注意力集中於婉轉的修辭或格式，甚至是設計或用色等方面。

事實上，無法順利傳達給對方最重要的原因還在檯面下。重要的不是「你」想說什麼，也不是「你」認為重要的是什麼，而是就對方來說，他所接收到的「訊息」內容是不是他所期待的。

與一些企業顧問聊天，常可聽到「身為企畫小組，對於下次開會時應該告訴客戶的內容卻遲遲無法整合起來」。如果是個5人小組，那麼想說的話，也就是傳達者這一方的「全部想法」，恐怕5人就有5種。但是說得極端一點，在商場上，傳達者的「全部想法」，對於接收者來說根本就不重要。

如果有人此時能夠發現「對了，不該只想自己，應該想想對方啊。說起來，從懂事開始，就不斷有人告訴我們要為對方想」，這樣就算很不錯了。但是在為對方想的同時，往往很容易陷入以下的陷阱。

「下午要和山田部長開會。部長討厭英文，所以要盡量避免用片假名。情緒反覆無常的部長心情不好時，和他討論困難的案子是禁忌，所以我要先去問問上午和部長開會的總務部，看部長今天心情如何。」

確實是有為對方想。但是問題是，傳達者在為對方的山田部長想的時候，在無意識中已經將和部長開會的目標訂為「不要破壞部長的心情而把會開完」。恐怕這樣的會議，根本

無法決定是否要實行某項方案等等企業重大決策吧。結果應該只是「繼續研究」或「再看看狀況」，然後就結束了吧。但是光是開這種會，事情不會有進展。甚至最後反而會懷疑，到底需不需要開這樣的會。

　　很可悲地，我們不是心理學家也不是讀心術專家，根本不可能百分之百掌握其他人的心情或喜好。更糟的是，在終於變成「瞬間讀心術專家」而隨著對方改變自己的行為或遣詞用字時，不知不覺間連內容都漸漸改變了，最後可能被指責說「你在每個地方說的都不一樣」。這麼一來，你就變成一個沒有「商場基本常識」的人了。

　　筆者從事溝通專家的工作，走訪各行各業的許多公司，發現竟有這麼多商業人士在傳達內容之前，就已陷入這種「只看得見自己的病」或「瞬間讀心術症候群」。

　　將自己的想法有邏輯地傳達出去的第一步，雖然是反向的說法，但其實就是「不要一開始就思考要傳達的內容」。

二、所謂「應傳達給對方的訊息」

　　常有人從「我想說的是……」為開頭說起。但是，就如同前面說過的，重要的並不是「我想說的」，而是「關於我現在要解決的問題（主題），所應該傳達給對方的訊息」。

　　那麼，所謂的「訊息」是什麼？訊息就是要滿足以下三項要件。首先，在這次溝通中所要解決的問題（主題）要明確易懂。其次是要有一個答案，可以滿足該問題或主題所需的要件。第三是溝通之後希望對方有什麼反應，也就是所期待得到的對方反應要很明確。

　　本書所定義的訊息，必須完整包含「問題」、「答案」、「所期待得到的對方的反應」三項要件。「我想告訴您的」不過是三項要件中的「答案」部分而已。反過來說，當你收到某篇文章，或聽別人說話的時候，在你的腦袋裡是否能快速理解到問題是什麼、對方認為問題的答案是什麼、他在說希望我怎麼做。這些都符合才能稱為訊息。

　　為了不要陷入「只看得見自己的病」或「瞬間讀心術症候群」，應該時常回到訊息的定義，去確認　問題（主題），　所期望得到的對方的反應（圖1-1）。

圖1-1　說話前、書寫前的兩項確認

◆**確認1：確認問題（主題）**

　　首先確認在溝通中，自己應該回答對方的問題是什麼。
這不論是在10分鐘的說明也好，1小時的會議也好，或是製
作報告書、提案書或企畫書，都一樣適用。試著自問自答：
「我現在應該替對方解決的『問題（主題）』是什麼？」不論
你的想法有多棒，只要偏離問題（主題），根本就無法開始

討論。不論那個主題是上司或公司所給的，或是自己設定的，都一樣適用這個方法。

在商場上的主題，應該很少從一開始就完全弄錯的吧。每個人一開始都是基於正確的主題認知進行討論。但是，在討論進行當中，只要有比較特別的發現，或是以前沒發覺的主題，就會將注意力轉移過去，不知不覺間自己頭腦裡的主題已經被偷天換日了。討論得越熱烈越容易出現這種情形，這是很自然的。

比方說，現在要針對「提案A是否應該進行商業化」的主題進行討論。這時發現，不光是提案A的商業化問題而已，做為商業化前提的現存銷售網早已出現重大問題，而且情況危急。這時，基於事情的重要性，對你而言，主題已在不知不覺間代換成為「現存銷售網所存在的重大問題應如何解決」。即使問題意識本身是正確的，即使現存銷售網的確比提案A更應該優先討論，但是對那些為討論提案A的商業化而來開會的人，開門見山地說「有鑑於事情的重要性，今天討論主題是現存銷售網的現狀」會如何呢？如果不解釋主題改變了，以及需要改變主題的原因，恐怕無法進行你所期望的討論吧。如果主題「莫名其妙」，針對主題的發言也會變得「莫名其妙」。

希望各位讀者養成這樣的習慣：在書寫之前，或向人開始說明之前，先確認主題，自問「今天的主題（問題）是什麼呢？」「我等一下要說明的是叫做○○的主題（問題）」。

　　儘管你聲嘶力竭地強調「這個很重要！」，但如果對方沒有「現在應該討論這個主題」的認知，就不可能進入討論。

　　時下流行的提案銷售法的難處，正是在此。在彼此角力的商場上，顧客自己會因為感到什麼不便，或為了改善什麼而購買某商品或服務，顧客本身比任何人都清楚問題所在。但是，提案銷售法說穿了就是提案者擅自認為「這就是府上的問題」，然後針對該問題進行提案，以自家公司的商品或服務做為解決方案。顧客如果，就算是私底下認為也好，與提案者同樣對問題有所認識，那真該謝天謝地。但是對於完全沒有問題意識的顧客，在提案商品或服務之前，要先讓對方認識到為什麼需要這個？有什麼樣的問題存在？換句話說，為了顯示出商品或服務的必要性，最大前提是要與顧客建立共識，雙方對於顧客現在正面臨什麼問題必須要有共識。如果對方沒有認知到這一層，再怎麼推銷商品，恐怕也很難期待得到良善的回應。

　　罹患「只看得見自己的病」的人會想「我想說的、應該說的是什麼」。首先要改掉這個毛病。向目標邁進的正確方式是自問「我現在要為對方解決的『問題（主題）』是什麼」，然後很自然地接著問「我對於那個問題（主題），我的答案是什麼」，但是，在那之前，還有一件事要確認。

◆確認2：確認所期待得到的對方反應

主持會議或是寫文章的時候，如果對於在各個場合希望對方怎麼配合，或希望引發對方什麼樣的反應，都沒有期待的話，這樣的溝通只是「獨白」。而時下有空陪別人「獨白」的企業，恐怕很少吧。

在職場上，單純以「向對方傳達」為目的的情況，少之又少。通常是藉由傳達而希望對方理解傳達的內容，引起對方的興趣或意見，或是希望對方採取某種行動等，最終目的在於希望對方有所「反應」。傳達只是手段，不是目的。

例如，你要跟上司開30分鐘的會。同樣是要出席開會的人，其中一人滿腦子只想著要說的內容，與另一個人想著希望會議結束時，能讓上司說出「你所說的A、B、C選項中，我認為B比較好。接下來是不是可以做做看成本分析並與相關部門開會討論」這種具體的想法與指示，兩人開會的成果應該大不相同。再舉一個向客戶進行15分鐘服務內容說明的例子。同樣地，其中一個人想著反正就用15分鐘去說明的人，與另一個人一面想著如果15分鐘後能引發客戶詢問「那麼，你們公司具體上有哪些服務，會怎麼提供呢？」的話就成功了，而一面進行說明，相信兩者說明的內容自然會不同吧。

溝通之後要引起對方什麼樣的反應，溝通才算是成功呢？能夠事先準備好這個問題的答案，也算是預防罹患「只看

得見自己的病」的處方籤。

對於這樣的說法，可能有些從事業務工作的人會認為「業務活動的目的就是不斷地提升業績，哪有辦法一一去想期待得到客戶什麼反應」。但是，一次的業務行動就能獲得訂單的情形恐怕不多，所以應該要好好思考。

例如，首先第1次的拜訪，先將目標訂為讓別人知道自己和自己的公司、商品。讓對方開始注意商品：「咦，XX股份有限公司有出這種商品啊，蠻好玩的嘛。」

於是，第2次拜訪的時候，就讓客戶了解本公司的新商品與以往其他公司的商品有何不同，讓客戶知道使用這項新商品會帶來什麼樣的方便與好處。向客戶說明新商品的勝出原因，目的在讓客戶了解他所能獲得的利益。客戶就能快速具體地對使用該商品的感覺有概念。

接著第3次，賦予客戶強烈的動機。可以準備一些限時優惠方案，或讓他聽聽實際使用過該商品的客戶的心聲，引發客戶說出「那我就用用看吧」這句話。

只要是業務員，應該都仔細思考過類似的行動計畫。即使3次的業務行動最終目的不外是「要客戶購買」，但若事先想好希望引發客戶什麼樣的反應，就可以避免塞太多資訊給客戶讓他消化不良，或是被客戶認為是強迫推銷。而且，進展不順利時也比較容易修正軌道。反過來說，那些無論對象是誰，無論什麼情況都像唸咒語一般說同一套銷售辭令的人，大多都是沒想過「經過這次溝通，我希望從客戶身上引發

出什麼反應」的業務員。

　　職場上所期待得到的反應，應該可以從以下三個方面來看（圖1-2）。

（1）希望對方「理解」

　　希望對方正確理解自己所傳達的內容，並且放進腦袋裡。業務聯絡或事務性的聯絡，都屬於這種情形。

圖1-2　期待對方的反應

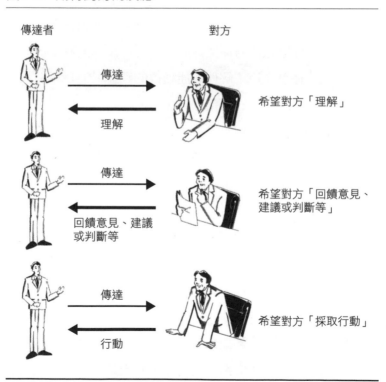

（2）希望對方「回饋意見、建議或判斷」

　　希望對方正確理解自己所傳達的內容，並且希望對方回傳他的判斷、建議或感想等，例如對於剛才的內容對方是怎麼想的，贊成還是反對，是不是有什麼遺漏等等。利用開會討論或市場調查，引發出客戶的需求，就屬於這種情形。

（3）希望對方「採取行動」

　　希望對方正確理解自己所傳達的內容，並且實際採取行動。例如為了促銷商品或服務，而希望對方能邀請加盟店來參加促銷方案說明會或展示會，或是希望對方回答問卷，都屬於這種情形。

　　即使主題相同，但是當你去確認所期待的對方反應，例如是只要對方「理解」你所傳達的內容就好，還是希望對方針對你的想法「回饋」一些意見、想法或需求等，或者希望對方採取購買或促銷的「行動」等等，不難想像隨著想法的不同，所傳達的深度或廣度自然不同。

三、什麼才算是「答案」

先確認你在接下來的溝通中要解決的「問題（主題）」，並確認溝通後你希望對方會有什麼「反應」，之後，才輪到思考答案本身的階段。

時常可以見到有些人在準備問題的答案時，將一大堆的資訊或重要資料攤在眼前，每次都從頭開始唸起。的確，工作上需要解決的問題多不勝數，而解決的方法也包羅萬象。而筆者實際上工作所接觸的企業或企業人士，或是面臨到的問題，更是千變萬化。而且筆者本身並非該企業的職員，也沒有直接接觸該企業的工作，但還是可以在讀過別人寫的原稿之後，就知道「哪裡有點奇怪」「怎樣做的話可能比較好」，這是為什麼呢？答案只有一個，就是我總是自問自答以下的問題：

- 你是否清楚知道傳達者對於問題，說的是應該要採取什麼樣的行動？是要，還是不要？或者有什麼樣的意見？
- 對於導致結論的根據，你是否贊同？
- 結論是行動的話，是否已經提出具體的做法？設想自己要指示屬下去做同樣的行動，你是否可以具體掌握

　　所指示的內容？

　　這些問題你答不答得出來，關鍵就在於該問題的答案的要素是否齊備。

　　職場上問題的答案所應具備的要素，並不會隨著問題不同而改變。答案的要素只有三點，那就是以「我的答案總歸一句話就是……」來說明答案核心部分的「結論」；說明為什麼達成那個結論，也就是說明結論正當性的「根據」；加上若是結論是行動的話，說明要如何執行該行動的「方法」（圖1-3）。

圖1-3　答案的要素

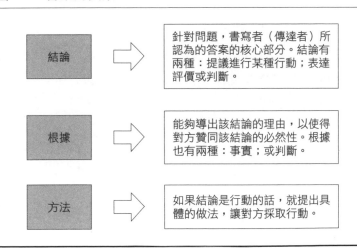

結論　➡　針對問題，書寫者（傳達者）所認為的答案的核心部分。結論有兩種：提議進行某種行動；表達評價或判斷。

根據　➡　能夠導出該結論的理由，以使得對方贊同該結論的必然性。根據也有兩種：事實；或判斷。

方法　➡　如果結論是行動的話，就提出具體的做法，讓對方採取行動。

四、為什麼對方不懂你的「答案」

　　結論、根據、方法。即使說法不同，商業人士應該也不陌生。要準備這3項做為答案的要素，你可能會認為這是理所當然。沒錯，的確是理所當然。但是，問題在於你所想的結論，對於對方而言是否同樣明確？你所想的根據，是否足以讓對方贊同？而你所想的方法，對方是否能夠做到？追根究柢，如果這3個要素對於對方而言不夠明確，那就沒意義了。

　　任何人都不可能完全客觀地去觀察自己的想法。但是，有幾個檢測項目可以幫助你。當你是傳達者的時候，這些檢測項目可以幫助你確認自己答案的要素；而當你是接收者，這些檢測項目可以幫助你分析為什麼聽不懂對方所說的，以及不懂的地方在哪裡。

◆造成「結論」無法順利傳達的2個陷阱

陷阱1：結論應該是「針對問題的答案」而不是「自己想說的內容」

　　參考圖1-4，這是服飾製造商A公司為了找尋問題「本公司是否應該投入製造零售業」的答案，公司成立了由社長

圖1-4　A公司是否應該加入SPA（製造零售業）

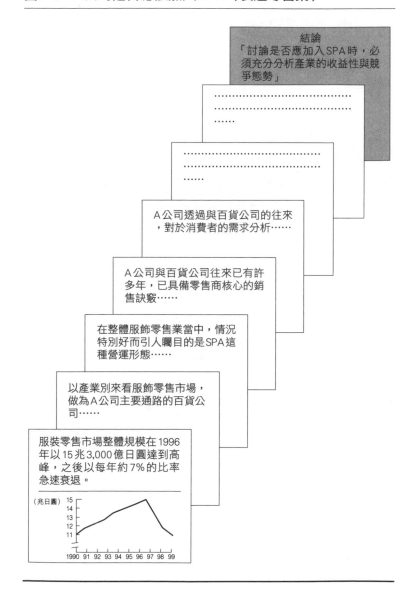

特 集

如果想傳達的不是當初所設定問題的「答案」

在溝通中「回答對方問的問題」是一大原則。但是遇到以下情形時，又該怎麼辦呢？

例如客戶前來諮詢有關商品交貨期的問題，但是，在研究過客戶的物流系統後，發現如果不調整庫存管理系統，光是調整交貨期根本只是治標不治本。

這時候，通常應該先回答客戶問的問題，之後再說「如果希望物流整體可以大幅改善的話……」，然後再說出自己的提案。回答了客戶的問題，就達成客戶所期望的目的，之後客戶可能認為你的提案或許會有更好的效果而欣然接受。

那麼，以下的情形又該怎麼辦呢？客戶前來諮詢有關商品交貨期的問題，但是，調查之後才發現必須先調整原料進貨的時間點，否則很難改善交貨給顧客所需的時間，因此不止客戶本身，還要牽動到原料業者，重新擬定大型的改善計畫才行。

這種情形確實很難處理。對於「為了改善交貨期問題，我們公司該怎麼做比較好？」的問題，最直接的回答就是「如果只侷限於貴公司內部的改善，恐怕效果很有限，如果真的想要改善交貨期，應該連原料業者也要調整進料的時間」。但是，客戶對於這樣的答案可能沒有心理準備，而且恐怕也不太想照做。因此，就算直接說出了答案，效果也不會太好。

話雖這麼說，但是如果只是建議公司內部進行改善，處理一些有做沒做差別不大的小問題，又有失職業道德。

　　當你了解到客戶的問題沒有直接的答案時，請盡早說明為什麼無法回答問題，並且重新設定問題，這是很重要的。在這種情形下，重新設定的問題變成：「要徹底改善交貨期，除了公司內部之外，整體業務流程應該如何改革？」

　　重新設定問題的時間點很重要。如果是明天已經要開說明會的情況，你才說「其實這個問題本身……」，會讓人懷疑你的處理態度。

　　而無論什麼情況下，問題與答案之間存在「對症下藥」的關係，這是邏輯溝通的根本。

直接管轄的企畫小組，而該小組將三個月來相關企畫討論的成果整理成圖1-4，向社長報告。如果你是社長，讀了這份報告後的感想如何？

　　從資料之詳細，可以看出企畫小組的努力。但是，只要社長不是具有某種神通的能力，可以瞬間看透寫報告者的思考過程，恐怕看完結論的社長會有如下的反應：「那麼，所以說結論是要做，還是不做？」

　　一旦對方說「所以說到底是要做還是不做」，很抱歉，我們不得不宣告這場溝通失敗。

　　站在讀者的立場，你可能會想說，怎麼會這樣呢？但是當大家實際擔任書寫者的時候，又很容易發生類似的情形。也不是一開始就討論錯主題，但是，往往在討論當中有許多新的發現，或有許多難得的想法，結果想傳達的事情一個接

一個不斷浮現。從寫報告的人獲得了各項資訊，然後開始思考或討論的那一刻開始，事情就已經走樣了。

但是，身為溝通對象的社長又如何呢？即將聽取報告的社長，即使早已經有他個人的結論或考量的地方，但是他提出了問題，仍然期待聽到別人的答案。也就是說，社長在等待「是否要投資SPA」的答案。

當你認為「這就是答案」的時候，希望你再次確認問題。檢視一下你的結論是不是只是你想說的話？你真的有抓到針對問題的答案的核心嗎？無論在什麼樣的溝通當中，答案或是做為答案核心的結論，都必須針對問題。

陷阱2：要小心「視情況而定」「看情形」等字眼，可能會造成「雞同鴨講」

想要將結論明確地傳達給對方，必須注意的是，要避免可以多重解釋的模糊說法。

我曾經諮商過以下的情形。某家旅行社的分店長A非常煩惱說：「我召集所有的經理一起開早會，然後對全部的人傳達了同樣的事情，但是有些部門會立即執行我的命令，有些部門卻經過整整一天、兩天，都沒有任何動靜。究竟為什麼會出現這種差異呢？」而且立刻執行命令的部門和沒有動作的部門總是固定那些。而確實執行命令的部門經理B，在A當上分店長之前，就曾經在其他部門當過A的屬下。我實際參加過早會後，發現A時常將「看情形臨機應變去處理」

這句話掛在嘴邊。例如A說到「本週是預約黃金週行程最忙碌的一週，向客人確認預約的時候，要看情形……」的時候，與A長年共事的B可以將A的「看情形」具體解讀成實際上想表達的意思，所以才會迅速確實執行A的命令。但是，不能期望那些較少和A接觸的經理也都能夠理解，所以命令無法徹底執行的原因不在於理解力不足，而在於A本身命令的模稜兩可。連公司內部都會發生類似的情形，更不用說對外部的溝通了。

　　當你不留神就說出「視情況而定」、「看情況」這種代表附帶條件的字眼時，你就要小心了。這時候，希望你一定要自問自答，所謂「視情況而定」是指在什麼樣的情況下該怎麼辦呢？所謂「看情況」，具體來說是什麼情況該怎麼做呢？

　　然後，希望你在能夠清楚說明附帶條件之後，再將想說的話傳達給對方。例如，不要說「視情況而定」，而要說「如果產品A和去年相比的銷售成長率為105％的話」，或者不要說「依地區不同」，而要說「旅行社的普及率在40％以下的地區」，要清楚指出附帶條件為何。關於附帶條件，不光是要做明確的量化說明，還有像「我們現在開始討論：當顧客對於櫃台的入帳處理速度有意見時……」這種說法，具體傳達了內容的屬性，也可以使傳達的內容更明確（圖1-5）。

　　如果你說不清楚附帶條件，那麼很抱歉，那就表示你對問題還不夠了解。這並不是表達或溝通的問題。光是去除掉

圖1-5　排除雞同鴨講的可能性

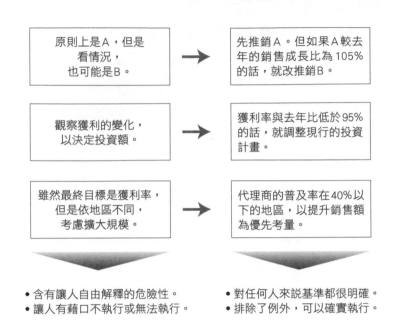

原則上是A，但是看情況，也可能是B。	➡	先推銷A。但如果A較去年的銷售成長比為105%的話，就改推銷B。
觀察獲利的變化，以決定投資額。	➡	獲利率與去年比低於95%的話，就調整現行的投資計畫。
雖然最終目標是獲利率，但是依地區不同，考慮擴大規模。	➡	代理商的普及率在40%以下的地區，以提升銷售額為優先考量。

- 含有讓人自由解釋的危險性。
- 讓人有藉口不執行或無法執行。

- 對任何人來說基準都很明確。
- 排除了例外，可以確實執行。

「附帶條件」，就能夠使結論更清楚了。

◆造成「根據」無法順利傳達的3個陷阱

　　無庸置疑，不論對於主題來說結論是多麼的正確，只要你無法說明為什麼會導致這樣的結論、為什麼那個結論是正確的，你就沒有辦法說服對方。但是，「根據」這個東西很奇怪，大部分的傳達者都會想要傳達「根據」。但是時常可

以發現站在接收者的立場，會覺得那根本不成理由。如果你認為，反正傳達者和接收者之間的資訊量和理解程度本來就不一樣，那也是沒辦法的事，那麼，溝通根本就無法成立。因為如果對方的資訊量和理解程度與你相同，那根本就沒有傳達的必要了。雖然要完全判斷從對方的立場來看，這樣的根據是否有足夠的說服力是很困難的，但是只要注意以下三點，你判斷的準確度就會馬上提高。

陷阱1：「因為沒有A，所以需要A」並不能說服對方

當你聽到「為了加強本公司的獲利率，當務之急是要加強業務能力。因為本公司的業務能力非常薄弱」的說法時，有幾個人會點頭贊同？還有當你聽到「本公司應該研發新產品，因為最近三年都沒有推出新產品」，又覺得如何呢？

因為沒有A，或者因為A表現很弱，所以需要A的說法，其實只是將相同的意思換句話來說罷了，根本沒有因果關係。但是在實際的溝通上，類似的情形多得令人吃驚（請參考圖1-6）。前面的兩個例子就是典型的例子。「因為沒有A，所以需要A」的說法，根本不成理由。重要的是，清楚說明為什麼從引發某個現象的眾多原因之中，選擇了這個原因。

如果你的當務之急是加強業務能力，那麼如果不說明「業務能力薄弱對獲利率有何不良影響？」、「也可能有其他會對獲利率有不良影響的原因，為什麼特別強調加強業務能

圖1-6　少了根據，就無法讓人了解

力的重要性？」等質疑，也就等於完全沒有解釋理由。關於研發新產品也是一樣，剛才的說法只會讓人厭惡地想回答「那麼，只要推出新產品就行了嗎？」，如果沒有清楚說明新商品的定位或目標，恐怕沒有人會有興趣大量投資在研發工作吧。

陷阱2：當對方會想「這是事實嗎？還是你的判斷或假設？」的時候，可信度就已經減半了

當別人問「為什麼？」的時候，可以說明的理由分兩種。一種是以客觀事實做為理由來說明；一種是以判斷和假設為理由來說明。並沒有哪個比較好，或哪個比較差，但是一般會認為，傳達者說出客觀的事實，會比說是自己的判斷或

圖1-7　將事實和判斷混在一起，可信度就減半了

假設更確實、更能說服對方。

於是，從對方的立場來看，傳達者的說法實在讓人搞不清楚到底是事實，還是傳達者的判斷或假設。或者，傳達者對自己的判斷或想法沒有自信的時候，會刻意想將「那是自己的判斷」這件事模糊化，說得含糊不清，讓人弄不懂到底是事實還是個人的判斷。

例如「公司的產品業績不佳的原因是因為不符合時代潮流」這種說法，其實應該從時代潮流的定義是什麼開始說明，就算退而求其次，當作已經知道了時代潮流的定義，那麼所謂「不符合」是事實還是傳達者的判斷，則完全沒有交代（請參考圖1-7）。

就算是事實的話，也應該具體指出有哪些現象，而如果

是傳達者的判斷，則必須說明為什麼以及著眼於哪一點，才會做出這樣的判斷，否則就不算是已經說明了明確的根據。也就是說，所謂「以客觀事實為根據」，例如用數字說明目前的狀況，可以讓對方無法反駁說：「應該不會那樣吧」、「才不是呢」。（當然，顧客的批評正不正確，又另當別論。）

陷阱3：會認為「有前提條件或判斷基準存在」「不用說也應該明白」「理所當然」的，只有傳達者自己

　　當你聽到「當然應該加入中國市場」這類說法時，要參考客觀事實，例如中國市場的現狀與其他競爭對手的動向，然後看看自己公司的現狀。但是，只看這些事實並不足以下判斷，決定是否應加入中國市場。重要的是，在這些事實狀況下，公司要如何設定基準，以決定是否加入新市場，這正是商業人士，或解決問題的專家展現本領的最佳時機。

　　例如，有些公司是考量市場的成長性、可以發揮公司長處的程度、以及獲利這三個面向，這三點可以克服的話就加入新市場，也有些公司是考量三年內能否回收投資成本，對其他事業是否具有相乘效果這兩個面向，做為判斷的基準。

　　觀察各種企業的事業企畫書，可以看到有些公司在條列各項事實之後，就斬釘截鐵地直接選擇做或不做。重要的是，你是如何看待各項事實才導致這個結論的。如果不寫清楚以什麼基準來做判斷，只寫判斷的結果是「投資／不投資」、「加入新市場／不加入新市場」的話，接收者甚至連結論

到底是正確還是不正確都無從判斷。

　　還有，假使在會議上已經做出了大家認可的結論，但是當分別詢問出席會議的主管「為什麼你基於這些事實會贊成投入該產業的結論」時，你認為業務部主管、製造部主管以及技術部主管的理由會不會一樣？如果個自的思維不同，而後在加入市場後若發生問題，要決定該擴大還是退出該產業的時候，一定會大家意見不一吧（請參考圖1-8）。

　　對於事實，除了回答出問題的答案之外，對於企業而言，你是如何看待事實的所謂「決策的思考主軸」，才是策略的起點，也是解決問題時的重點。清楚說明決策的思考主軸，讓對方或組織能一起理解結論以及導致結論的根據，是非常重要的。

圖1-8　覺得「理所當然」就傳達出去的例子

我了解狀況了，但是憑什麼斷言非投資這個不可呢？

你不知道公司內部有判斷是否進行投資的基準嗎？如果按照那個基準來看會怎樣呢！

減肥食品市場正處於成長期，且同業裡面目前還沒有任何一家研發「每天吃的減肥熟食」。基於本公司在健康食品市場的品牌地位，以及實際績效，因此本公司應該投入減肥熟食產品。

◆造成「方法」無法順利傳達的2個陷阱

關於具體的方法——其實這已經重複說明過很多次，恐怕讀者都已經聽膩了。其實，寫的人或說的人本身只要不是太遲鈍，一定都能感覺到所要表達的方法具不具體。以下舉例說明兩個缺乏具體性的標準類型。

陷阱1：老是說一些所有公司、所有年代都適用的真理，沒有說服力

如果聽到「為了強化公司的競爭力，要先觀察競爭同業的動向，洞悉自己的優缺點，然後將資源集中在最具差異性的領域」的說法，你會覺得如何？也許沒有人會直接反對這種說法，但可能也不會有人實際去做吧。因為這根本就是策略的定義，也可說是普遍存在的真理（圖1-9）。策略的定義是無論哪一家企業都適用，而且十年前或十年後都可以通用的。不要光說一些教科書上的真理，如果不換成自己企業的立場，說明具體上應該怎麼做的話，根本毫無意義。

有時我們會看到主管大言不慚地說「去思考具體的方法是屬下的工作」，我們不得不說他脫離現實太遠了。當你問這種主管「具體上你打算怎麼做」的時候，他很可能會回答「我會和現場人員好好討論一下……」這種不成答案的答案。

同時，我也碰過這種屬下：只是抱著上司模糊的指令，不斷想著「到底是什麼意思呢」而猶豫不決。聰明的屬下應

圖1-9　光說些真理，事情不會有進展

該會問「部長所說的，具體來說是指……嗎」，或進行確認，努力去了解具體的內容。具體傳達事物是傳達者與接收者的共同課題、共同責任。

　　希望讀者能自問自答，你所想的方法會不會「不只是自己的公司，其他公司也能適用？」、「是不是十年前或十年後都可以通用？」如果無法通過自問自答的測試，就表示你所說的只是搪塞之詞，不是真正的方法。

陷阱2：華麗的詞藻不會使內容變具體

　　聽到有人說「公司將把增加獲利視為最重要的課題，全體員工都要在最高領導階層的領導下跨越部門藩籬，全力以赴」，你會怎麼想？雖然有許多修飾的詞藻，但終歸一句話

就只是「全公司上下一條心，一起努力」。當我們傳達的內容不夠具體的時候，很可能會有一種衝動，想好歹多加一些修飾語，讓話聽起來好像有點內容吧。但是，那些浮泛之詞都只是畫蛇添足。

那麼，要怎樣讓方法的說明變得具體呢？很可惜，這並不是在溝通技巧上努力所可以解決的。責備那些無法寫得具體或說得具體的人，叫他們「更具體些」，是沒有用的。至少，這不是動動腦想一些「上下一心」、「重要課題」、「徹底執行」等修飾語，就可以矯正過來的問題。如果你自己在寫或說的時候，總覺得不夠具體，那麼你應該知道，這表示你並沒有具體地解決問題。然後，希望你對於自己目前了解的部分，再一次自問自答「為什麼變成這樣？」、「怎麼會發生這種事？」、「為什麼可以這麼說？」，看看自己對於問題了解到什麼程度，對於現象深入分析到什麼程度。所謂具體，不是用詞的問題，也不是表達方式的問題。可以具體地寫出或說出「方法」，就表示你對於問題已有了具體的答案。也就表示你已經具體地思考過該怎麼辦了。

例如某家企業最近連連遭到顧客抱怨（請參考圖1-10）。這時候光是大喊「要顧客別再抱怨了」是沒用的。調查之後才發現，與其說是顧客抱怨商品故障，不如說顧客不滿的是我們的處理態度太差，於是問題就變成「如何對於抱怨的顧客，改善處理態度」。而當你再進一步調查為什麼處理時的態度不好時，才知道銷售員在賣產品的時候非常熱心，但是

圖1-10　可以具體傳達的幾種方法

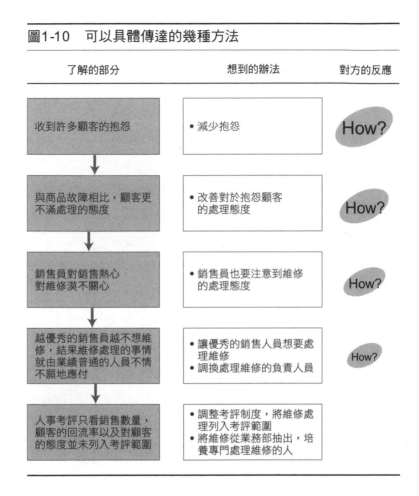

了解的部分	想到的辦法	對方的反應
收到許多顧客的抱怨	• 減少抱怨	How?
與商品故障相比，顧客更不滿處理的態度	• 改善對於抱怨顧客的處理態度	How?
銷售員對銷售熱心對維修漠不關心	• 銷售員也要注意到維修的處理態度	How?
越優秀的銷售員越不想維修，結果維修處理的事情就由業績普通的人員不情不願地應付	• 讓優秀的銷售人員想要處理維修 • 調換處理維修的負責人員	How?
人事考評只看銷售數量，顧客的回流率以及對顧客的態度並未列入考評範圍	• 調整考評制度，將維修處理列入考評範圍 • 將維修從業務部抽出，培養專門處理維修的人	

產品一旦賣出，處理維修事宜的態度卻驚人的冷漠。因為該企業對於銷售員的考評，只以賣出產品的數量為基準，因此，越是優秀的銷售員就越是將全部心力放在銷售，而無心去處理與考評無關的維修，結果就由那些業績普普的銷售員不情不願地應付維修事宜。事情了解到這裡，就可以想出各種

解決方式。例如，改變考評制度，把因為處理維修的態度很好，造成顧客回流消費也列入考績，這是一種辦法；或者將處理維修事宜的人員與銷售人員分離，培養專門處理維修的人員，與銷售人員採取不同的考評方式，這也是一種辦法。要將問題解決到這種程度，對方才會贊同你的方法，並且付諸行動。

　　大多數的例子都只調查到圖1-10的第三階段，很可能只是重申「銷售人員也要注意維修的處理態度」就結束，結果什麼改變也沒有。必須將目前已經了解的部分，一次、兩次地反覆自問「為什麼會變成這樣」，具體的辦法才會漸漸浮現出來。

　　建議你在確認「夠不夠具體」的時候，試著自問自答「如果站在執行者的立場，需要哪些訊息才能採取具體的行動」。

　　如果你看看企業的企畫書，會發現許多都有類似圖1-11的詞彙。貴公司的企畫書又如何呢？並不是說有出現這些詞彙就是不好的，問題在於「怎麼做」、「做到什麼程度」、「什麼時候到什麼時候」、「以誰為主，怎麼合作」這些問題，有幾個有答案的？那些答案是不是有具體的內容？也就是說，當別人說「既然你這麼說，你就自己做做看吧」的時候，你知道該怎麼做嗎？

　　看到這裡，您是否已經對本書所說的「溝通」有了基本的概念？那些非常私密的，或是藝術界的場合，只需要那些和自己有一樣的感性或品味的人了解就足夠了，不懂的人不

圖1-11　事業企畫書中常見的寫法

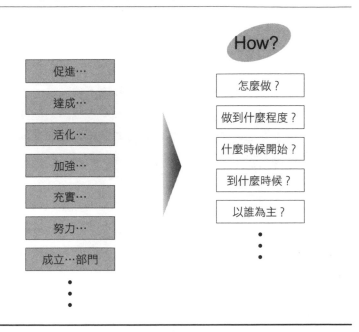

懂也沒關係，或者是例如真情流露或告白等，以傳達本身為目的的溝通，都不在本書討論的範圍。本書設定的溝通對象是在商業的場合，根據事實進行分析，並需要以邏輯說服對方的重要場合的溝通。但是，如果希望達成特定的目的，也可以廣泛應用在社群溝通等等商業以外的場合。

特　集
成為敏銳接收者的方法

　　在這個好壞資訊並陳而且氾濫的時代，如果你是那種一拿到資料就開始讀的人，恐怕工作的效率不會太高。

　　一拿到資料，不要像反射動作一般劈頭就讀，而要養成習慣，先掌握那篇資料的目的與它希望得到你什麼反應，之後再開始讀。先知道那篇文章在你讀完之後希望你做什麼，與不知道就去閱讀，讀法大大不同。

　　如果收到一篇不知其目的的文章，也不知道它希望得到你的什麼反應，請不要猶豫，去問問製作資料的人或部門「這篇資料傳給我的目的到底是什麼」、「你們希望我看完這篇資料之後要做什麼」。

　　在組織內，如果可以養成習慣去確認主題以及傳達者期待得到的反應，應該可以減少那種不明究裡、姑且先交差的資料，大幅提升溝通的效率與效果。

溝通敏銳度測試

現在來看看你在溝通上的敏銳度，做為本章的總結。

問題1

　　成為一個敏銳度高的讀者或聽眾，是成為優秀傳達者的捷徑。假設你收到以下的資料，在討論其內容的適切性或正確與否之前，你有沒有發現什麼不對勁？

2001年○月×日

給食品部相關單位主管

二一企畫小組

減肥食品的市場調查結果

　　本企畫小組透過市場調查，了解以減肥為訴求的產品，特別是注重健康的減肥食品，受到廣大年齡層消費者的喜愛，市場規模約高達××兆日圓。

1. 市場規模與成長的演變

　　減肥食品的市場在2000年的現在約×兆日圓，自1996年以來的年平均成長率亦達×％。

- 由市場規模來看……。
- 由產品領域的變化來看……。
- 由成長率來看……。

2. 消費者有關減肥的相關動向

在這五年之間，減肥的消費者已由青少年拓展至中高年齡層，年齡層廣泛，特別是健康取向的產品正急速擴展當中。

- 由健康面來看……。
- 由美容面來看……。

提示 如果你是相關單位主管，當你收到這份資料時有什麼感覺？並不是「市場規模與成長的演變」或「消費者有關減肥的相關動向」的內容或具體性有問題。如果你不覺得有任何不對勁的話，你可能是得了「只看得見自己的病」。訊息的要素是什麼？將資料內容與訊息的要素相對照，你覺得資料裡面欠缺了什麼？

問題2 ───────────────────────

　　如果你收到以下的資料，看起來是有關公司內部讀書會的通知，你是否有發現哪裡有問題？

第三次　M&A讀書會

主題：惡性購併日益增加的實際狀況
──惡性購併的案例數的變化與公開購買股票之過程

時　間：2001年×月×日（週六）　13時～14時30分
地　點：公司大會議室
內　容：
　1. 防禦惡性購併的方法（13時～13時45分）
　2. 對抗惡性購併的方法（13時45分～14時10分）
　3. 提問與回答（14時10分～14時30分）

以上

（提示）所有的溝通都從確認「主題（問題）」開始。在這裡應該自動啟動「確認讀書會的主題與內容是否相符」的確認機制。

問題3

　　越來越多的企業以電子郵件（e-mail）聯絡事情。而當你收到以下的電子郵件，如果你是敏銳的接收者，應該會覺得：「什麼嘛，這應該可以弄得更好的吧。」

　　這封郵件的文字只需稍加改變，寄件者的目的就會變得非常明確了。需要改變的是哪裡呢？

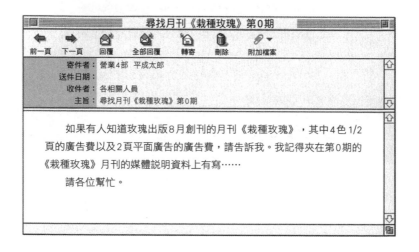

　　提示 雖然已經提過很多次了，但還是再次提醒：溝通的出發點在於「主題（問題）」。要將主題明示，讓對方能理解自己所想的內容，這是很重要的。那麼，對這封電子郵件的寄件者而言，「主題（問題）」是什麼？特別是電子郵件，在主旨部分明確顯示主題是非常重要的。

特　集

讓別人會去讀電子郵件的方法

　　電子郵件是可以不限時間，隨時傳送訊息的方法，已成為商業溝通上不可或缺的工具。除了公司內部的網內網路之外，也使用網際網路的企業人士，每天至少有幾十封郵件。

　　當然，一般人會將看來與自己無關的，或不感興趣的郵件留到稍後再讀，有些甚至連點選都嫌麻煩。所以想要讓對方確實點選並且閱讀，就必須在主旨的地方下工夫。

　　這並不代表要你寫「這是重要通知」，那樣寫反而會令人覺得有問題而立即刪除。

　　那麼應該要怎麼辦呢？應該要寫明主題，並且明示你對對方的期待。例如寫上「請回答關於××」、「提出××的期限到後天為止」、「××會議日期變更通知」，對方應該就會點選了。

　　寫明主題以及你對對方的期待，在電子郵件的溝通上，也是很重要的。

第2章

為什麼你的「答案」
沒有說服力？

筆者時常閱讀企業人士或學識經驗豐富者所寫的書，並從中汲取智慧，思考讀者是否很容易理解作者的結論，是否應該改進讓文章更有說服力、更容易理解。這些經驗告訴我，難以理解的文章或不具說服力的文章都具有以下兩個缺點：①內容明顯有重複、遺漏、離題；②內容不連貫。

一、內容明顯有重複、遺漏、離題

難以理解的文章的第一個缺點就是：站在聽眾或讀者的立場，會覺得內容明顯有重複、遺漏、離題的情形。

◆重複就是表示「腦袋裡一團混亂」

例如有些人會先說「理由有三個」然後開始說明，但是

聽完之後你可能覺得怎麼完全抓不到重點。仔細推敲說話的內容，才發現雖然表達方式或用字遣詞不同，但是第1項和第3項的內容簡直就是一樣嘛。因此，聽眾可能會質疑：「連基本程度的整理都做不好，這樣的結論可以相信嗎？會不會有什麼更嚴重的錯誤呢？」

又例如以下這個例子。你的部門正在討論要開發新客戶，但是拓展新客戶需要花時間和金錢，所以不可能將所有的公司都列為拓展對象，於是，大家在討論應該以哪個企業為拓展重點，這時候你的屬下，熱心的業務員A做了以下的發言：

「我想推薦最近很熱門的SYSTEMA公司。當然我知道並不容易，但是基於三項理由，我認為本部門應該以SYSTEMA公司做為新客戶的目標。首先，第一點是基於客戶組合的觀點，SYSTEMA公司是少數屬於成長型產業中的新興企業。本部門的客戶大多是具有長遠歷史的成熟產業，找不到像SYSTEMA公司這種成長型的企業，具有打破舊秩序的積極意義。如果可以拓展客戶組合，不但可以拓展機會，同時也可分散風險。第二點是從收益性來看，如果可以獲得天才型經營者的青睞，不僅能掌握可觀的業務量，而且有機會接觸到這種天才型經營者，可能對我們思考下一波商機也有幫助。第三點是從商業技巧的觀點來看，開拓以前不曾接觸到的企業類型，並且在往後的交易中，都可接受到個性

化經營者的影響力，或許可以學到很多，所以在商業技巧的精進上也有極大的意義。」

這樣的說明，你認為如何？看起來是從客戶組合、收益性、商業技巧等多方面來思考。但是，仔細想想，從收益性的觀點看或是從商業技巧觀點看，你可能會發現，兩者的內容總結起來就是一句話：「我現在對SYSTEMA的經營者非常有興趣，所以想見他，想和那家公司接觸，所以希望將該公司列為新開拓的對象。」如果你是毒舌上司，一定會一面冷笑一面對他說：「我們已經非常了解你對SYSTEMA經營高層的心意，而為了那份心意想出了三個理由的切入點也很了不起。我很欣賞你的熱情，關於客戶組合的部分確實沒錯，那麼接著請問，可以預期收益性達到什麼程度，以及具體上可以培養哪些商業技巧，請告訴我們具體的內容好嗎？」

如果你也被熱血業務員A迷得團團轉，而沒有發現內容有重複的話，那麼你可能要開始擔心，所付出的費用和拓展的成果恐怕會不成正比（圖2-1）。

◆遺漏會導致「疏漏一處，全盤皆輸」

第二種情形是外行人也聽得出有明顯的疏漏，而且傳達者也不說明為什麼沒提到某個部分，只是單方面地強調自己所認為的優點。

圖2-1　說話重複的人令人不耐煩

　　這會讓對方漸漸開始懷疑，心想除了自己發現的那點疏漏之外，傳達者的說明是不是還有其他致命的疏忽、遺漏或缺陷，於是即使傳達者的結論有道理，也會提高戒心——檢視。

　　回到剛才拓展新客戶會議的例子，接在熱血業務員A之後發言的是B課長。B課長表示「部長，我想極力推薦衛星傳播事業的S公司。想到今後的傳播業，若S公司成為我們的客戶，好處有⋯⋯」長篇大論了五分鐘，詳細描述開發S公司成為新客戶的各項好處。但是這時，你腦中閃過的畫面

是好友哭喪的臉，因為他買了上市不久的S公司股票，之後從來沒漲過，現在已經跌了一半了。當然，你心裡很可能會問：「我已經知道S公司成為我們客戶的好處，但是將正在事業重整的S公司納為客戶，你有想過它的風險嗎？」

　　真不愧是人稱「視野狹隘」的B課長。只說明為什麼要選S公司的一個觀點，對於開發S公司做為客戶的風險，以及不選S公司為客戶的優點，完全沒有提到。當你說的話有這些遺漏或疏忽的時候，你就不可能說服持有不同看法的人。所以你做到的不是「突破一點，全面攻下」，而是「疏漏一處，全盤皆輸」。（圖2-2）

◆離題會導致脫離原本的目的或主題

　　第三種情形是，說話的內容混雜了各種不同種類或層面的話題，因此很難理解。就像談橘子的話題談到一半，卻插入了蘋果的事情，蘋果和橘子同樣是水果也許還好，但若是在談橘子的對話中插入蘿蔔的話題，這樣的談話讓聽者聽不懂還算事小，但是傳達者和接收者就在這種話題混雜、不自覺的離題當中繼續進行，最後很可能演變成完全偏離了主題。

　　我們再回到剛才拓展新客戶會議的例子。接在B課長之後發言的是被揶揄是離題高手的C。

圖2-2　說話的人看不見自己話中的漏洞

「我認為應該考慮A建議的SYSTEMA公司，還有B課長推薦的S公司，以及3A公司。因為這三家公司在最近三年的營業額成長率很高。而3A公司還曾經是本部門的客戶，只是最近五年沒有生意往來。從多方考慮的結果，應該投資於已經有實際業績基礎的3A，擴大與3A公司的往來，會比開拓SYSTEMA或S公司等新客戶，會更有效率，可以預期投資成效也比較顯著。」

部門為了拓展新客戶的問題正在討論開拓對象，結果將目前沒有交易而曾經有實績的客戶提出來討論，當然是明顯

圖2-3　在不同的競技場上無法進行相撲

文不對題。但是，卻可能發生開會的人都受到「投資效率」或「成效」這類具有魅力的詞彙所吸引，自然而然開始討論是拓展新客戶重要，還是讓已沉寂的客戶重新活絡起來重要。這時，如果你不是那種無能的上司，完全沒想過為什麼要拓展新客戶，或為什麼拓展新客戶比活絡既有客戶更重要的話，應該會斷然中止離題的討論，並斥責說：「在上次的會議上應該已討論過為什麼需要拓展新客戶，並且已經達成協議了。SYSTEMA、S和3A不可以相提並論吧！」（圖2-3）。

　　就如以上所述，說話若有重複、遺漏、離題的情形，會阻礙對方的理解。這是令人難以理解的第一個原因。

二、內容不連貫

當我們聽到「因為A、B、C，所以X」、「因為A、B、C，因此結論為X」的說法，一般人很自然會認為，X是由A、B、C這些要素自然歸結的結果，或者，X是由A、B、C可以順利推導出來的上位概念吧。

但是，接下來要談的情形是：用普通的邏輯來想，就會發現A、B、C怎麼樣也連不起來。這麼一來，接收者對於傳達者的結論根本就無從理解起。說話重複、遺漏、離題會降低接收者理解的速度，或讓對方心存懷疑，但是只要好好整理說話內容，對方還能夠理解。但是，說話不連貫等於是拒絕讓人理解。

例如，在慶祝新的年度開始的致詞時，若事業部部長說出以下的話，你認為如何？

「本事業所處的環境相當嚴苛，相信各位都知道。因此本事業部在今年度將盡可能刪除不需要的部分，無論是財務方面或營運方面，都期許可以達到毫無浪費的營運。基本方針有以下三點。

第一，對於投下的資本要徹底掌握回收情形，3年以上報酬率未超過5%的事業將討論是否裁撤。

　　第二，掌握本事業部當中，哪些部分具有競爭力，而對於沒有競爭力的部分，若有價格低廉而能提供更高品質服務的外包商，就積極運用外包商。

　　第三，在產品開發與改良方面，嘗試與其他公司合作，以最小的投資謀求最大的效果。

　　因此，總務與採購將朝向外包發展。但是歷代社長輩出的本事業部是以中央研究所為發祥地，雖然目前中央研究所還沒有得到預想的成果，但是我們要堅守到最後。」

　　一方面說產品的研發或改良要與其他公司合作，沒有競爭力的就外包，但是為什麼提到未得成果的研究所會變成「要保留」，恐怕很難獲得冷靜聽眾的理解吧。研究所的存留並不符合本年度事業部的基本方針，而是公司，是事業部所希望留下的。所以應該這麼說：「我們不希望失去具歷史意義的中央研究所，因此要繼續保留。」用「因此」來連接的不應該是事業部的基本方針，而應該是本公司的堅持或本公司的信念，也就是根本搞錯了應該連接的內容。

　　另外，類似圖2-4的例子實在不勝枚舉。貴公司的事業計畫、所負責部門的本期業務計畫書，是不是也有類似的情形呢？

　　在前期的問題之後接著寫本期的策略，因此一般會認為，本期策略的內容應該是解決前期問題並追求更進一步的成長吧。而寫計畫書的人在口頭說明時，應該也會提到「前期

圖2-4　脈絡不清的本期策略

事業計畫書

□前期的問題

- 開拓新客戶進度落後：Ａ、Ｂ、Ｃ三家公司都有接觸，但是進展到提出提案書的只有Ａ公司。
- 既有的大客戶營業額的成長問題：大型客戶Ｄ、Ｅ、Ｆ公司的營業額與去年相比為負成長，雖然拜訪頻率較去年提高，但新產品尚未引起對方注意。
- 既有的小客戶流失率增加：已經一年以上沒有交易的客戶群變大了。該客戶群雖然每一家的營業額並不大，但是獲利很高，所以造成整體獲利率下降。

□本期的策略

- 依客戶屬性，分別靈活運用電話服務中心、網路、以及業務人員直接接觸的方式。
- 對於大客戶採用業務人員直接接觸的方式，以期提升營業額與獲利率。
- 對於小客戶，運用電話服務中心與網路方式，以期提高營業效率與頻率，提升客戶普及率。

有哪些問題，所以基於這樣的情況，本期的策略將……」。

　　但是，對於已經提高拜訪頻率，業績卻還是沒有成長的大客戶，更頻繁的拜訪真的有用嗎？對於已經不再往來的小客戶，建立電話服務中心或網路通路真的就能提高業績嗎？……可能會出現數不清的疑問。要對於該部門的本期業績有樂觀的展望，實在難上加難。

　　其實應該沒有人會「蠻幹」到明知內容不連貫或毫無脈絡，卻傳達給對方；但是無法順利傳達完整連接的訊息，其實風險非常大。說話不連貫或脈絡不清，正是造成令人難以理解的第二個原因。

　　當你的溝通呈現「明顯有重複、遺漏、離題」以及「不連貫」的缺陷時，等於是強迫對方進行一些複雜的程序，例如在自己腦中再次檢驗傳達者的話，想想是什麼地方奇怪，思考事情的原貌，然後找出其中的差異。而且，大部分的人並不會真的走完那些複雜的程序，而是中途就不耐煩地丟下問題，或者無論有沒有自覺，就以自己的方式去解釋自己所聽到的東西。

　　除了要有邏輯地將事情傳達給對方之外，讓對方「不需要進行多餘的複雜程序」也很重要。所以希望傳達者能事先將自己的想法整理清楚，並確認沒有嚴重的重複、遺漏、離題以及不連貫的地方。這是商業溝通上應遵守的禮節。

第 2 篇

利用邏輯來整理思考

　　向別人傳達訊息的時候，應該很少有以下的情形：你先確認要傳達的問題，然後確認傳達之後希望得到對方什麼樣的反應，之後才去想自己對於問題的答案是什麼，這時「結論」才浮現出來。如果是這樣，那麼一開始問題都還沒有答案，根本就談不上什麼傳達了。

　　我想每個人都曾有過一種經驗，那就是自己雖然很清楚知道要傳達的結論，但是手邊的資料或資訊堆得像山一樣高，該如何整理這些資料，才能讓對方藉由資料，更加印證自己所說的結論有道理呢？

　　希望自己的說明能像「我的結論是X。那是基於以下三個觀點，才導出結論為X的」這樣條理分明。但是實際上，資料該如何整理才能歸結出「以下三個觀點」呢？要用什麼樣的切入點，你的證據才能整理成能夠說服對方的「以下三個觀點」呢？甚至，假設你已經找出A、B、C的所謂「以下三個觀點」，當你說「因為A、B、C，所以得到X的結論」時，對方對於那個「所以」是否會贊同呢？

　　有上述的煩惱是很健康的，也可說是一種證據，證明你具備想溝通的心，所以想傳達訊息給對方，希望獲得理解。那麼，實際上該怎麼做？答案是學習「MECE」與「So What?/Why So?」這兩項技術。

第3章

避免重複、遺漏、離題

一、MECE ── 消除重複、遺漏、離題的技術

　　要讓對方贊同自己的結論時，只要說明的根據或方法中有重複、遺漏、離題的情形，對方就會無法理解。相反地，當我們意識到重複、遺漏、離題時，就表示我們已經知道「事情整體的原貌」是什麼樣子了。因為你已經知道在說話的時候，整體上必須將話題限定在哪幾個重點，然後再將你所聽到的內容與那幾個重點相對照，就可以判斷出「少了哪個部分」、「哪裡重複了」、「哪部分離題了」。所以清楚知道「母集合」，以及母集合是由哪些「子集合」所構成，是很重要的。對於你所熟悉的業務或領域，比較容易發現漏洞或重複，因為根據多年的經驗或知識，比較容易判斷母集合以及構成母集合的子集合。

　　有時候也會因為熟悉反而忽略掉，更何況是不熟悉或是沒經驗的領域，如果不啟動你的確認機制，就太說不過去了。即使是不熟悉的主題或領域，在說明自己的結論時也有辦

法可以檢測自己，避免太嚴重的重複或遺漏，讓對方自然可以理解你的結論。那就是MECE（圖3-1）。MECE這個詞是來自麥肯錫顧問公司。

◆MECE是什麼？

也許你還沒聽過MECE，它就是Mutually Exclusive and

圖3-1　所謂MECE

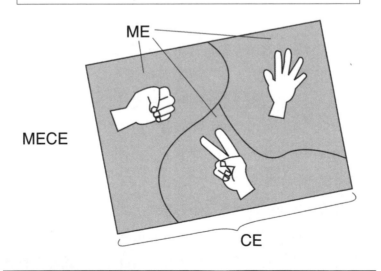

> 互不重複，全無遺漏地掌握某件事情或概念。
>
> Mutually Exclusive and Collectively Exhaustive
> （互不重複）　　　　　　　（全無遺漏）

Collectively Exhaustive取字首字母組合而成，意思是「以互不重複，全無遺漏的各部分整合起來，掌握某件事」。也就是，將母集合分成沒有遺漏且互不重複的子集合來思考。用集合的概念應該比較容易了解吧。

　　例如你接到你部門裡平日沒有接觸的高層主管下的指令，請你說明「你們部門所獲得的資訊，整體而言有什麼樣的內容」。你的部門所流通的各種資訊，該如何整理並說明呢？

　　大概可以想見以下3種說明方式。

模式1：列舉法

　　總之，把想到的看到的，從外部傳到部門裡的所有資訊都列舉出來。《日本經濟新聞》、《朝日新聞》、《日刊自動車新聞》、《日經產業新聞》、《纖研新聞》、《週刊朝日》、《日經經濟》、《週刊東洋經濟》、《Diamond週刊》、……可能一下子就列了超過100項吧。

　　瀏覽資料之後，開始說明「主任，我把進入本部門的資訊全部列舉出來，總共83件，具體來說有……」而唸出一長串的內容。有良心的主管可能就開始在自己的腦袋裡，努力想要整理聽到的內容，然後沒多久不得不放棄，最後大喊：「你整理好再來報告！」

　　而且，這種模式最糟糕的是即使你列舉100件或200件，但是當你被問到這些真的是全部嗎？真的沒有遺漏嗎？就

連你自己也沒辦法確認。真的沒有遺漏嗎？毫無疑問，確認的作業將極為龐大（圖3-2）。

模式2：區分法

按照一定的規則將進入的資訊機械式地按照順序分類。例如以星期×區分，或以上午或下午這種時間帶來區分的都算。例如首先是星期一早上傳入的資料，接著是中午的資料，之後是下午的資料等。這樣要做確認就會很容易。

但是，這樣的方式也有問題，當你這樣報告：「主任，我將進入本部門的資訊按照星期×區分整理，得知總數有83

圖3-2 列舉法

件，首先星期一的上午有……，下午有……」結果會如何呢
？依照星期×做區分，的確比全部列出來要聰明，但是當報
到星期二的時候，聰明的你可能會發現：「怎麼會有重複？」
如果你們訂日報，同樣的資料至少就會出現7次。於是要進
行刪除重複的作業，然後由於擔心「真的沒有重複了嗎」一
次又一次地進行確認。

　　而且，這種依星期×或者上午／下午分類的模式，雖然
可以知道進入的資訊量，卻無法對資訊的種類或性質留下印
象，令人懷疑這樣是否真的有回答到問題。這正是「重複是
代表混亂」的寫照（圖3-3）。

圖3-3　區分法

模式3：MECE法

　　將進入部門內的所有資料當成母集合，想想母集合應該如何分類，可以分成毫無遺漏或重複的子集合。例如先大致分成定期傳入的資料與不定期的資料、一般公開的資料與非公開資料、付費資料與免費資料、與業界相關的資料與無關的資料等，這樣應該可以避免重大的遺漏、疏失或重複。其次將定期資料以月刊、雙週刊、週刊等依頻率不同來整理，將不定期資料以文件的形式、網路傳送方式、CD-ROM、錄影帶、平面媒體來進行區分。平面媒體再進一步分成簡單幾頁的出版物與裝訂成冊的資料。於是開始報告：「主任，進入本部門的資料大致分為定期資料與不定期資料，共83件。具體來說，定期資料有⋯⋯，不定期資料有⋯⋯」。（圖3-4）

　　站在聽者或讀者的立場，這一種MECE方式是最容易理解，同時也是回答高層主管想知道的答案最簡潔的方式。為什麼說MECE是最容易理解呢？

　　簡單來說，就是因為傳達者想說的整個內容，也就是答案的「整體」與由哪些「部分」構成整體（母集合與構成母集合的子集合）──已經明確顯示出來了。也可以說是「將傳入我們部門的資料當作母集合，那麼可以分成定期資料與不定期資料的子集合」，將某個主題或概念當作母集合，並思考如何將母集合區分成沒有遺漏、重複或離題的子集合，這就是MECE。於是，靈活運用MECE可以使整體印象明確，將所顯示的子集合加起來就是母集合，當接收者聽到這樣

圖3-4　MECE法

的說明，就會開始在自己的腦中進行整理，將傳達者所想的
「母集合」拼湊成自己理解的整體結構。也就是接收者會登
上傳達者所建造的溝通平台。

　　有些理論主張為了要讓對方理解，應該要站在對方的平
台上進行說明，但是很少人能夠隨便站在不認識的人的平台
，就能夠說得讓人容易理解。反而實際上大部分人的做法是
展示出自己的平台，讓自己的平台以一般常識來看沒有太大
的缺點（重複、遺漏、離題）而能清楚表達，讓對方登上自
己的平台吧。而MECE就是向對方展示自己的平台，而且讓
對方容易登上自己平台的技術。

◆多準備幾個MECE切入點

擅長表達的人通常可以從各個角度、立場說明同一件事。因為將某件事當成母集合的時候，傳達者知道MECE的各種切入點，而能自由選擇由哪個點切入進行說明，對方最容易了解。

MECE的切入點大致可分成兩種（圖3-5）。其中一種切入點是例如年齡或性別，能夠將整體完全分解的類型，像是以居住地，以同住家人的人數，或使用什麼交通工具來店裡來區分公司的顧客，就屬於這類。

另一種MECE的切入點是先知道會比較方便的資訊（雖然若要證明沒有重複、遺漏，這些資訊並不能成為證據），但是先掌握這些資料，大概就可以確定沒有太大的重複或遺漏。具代表性的例子稍後將介紹。這類MECE切入點只要去記住，然後使用看看，就會發現對於在職場上需要將複雜的內容大致整理並說明的時候非常有幫助。希望各位讀者一定要試試看。

在同一個組織裡待久了，在整理或說明事物的時候，容易只想到同一類型的切入點。說到顧客就分法人與個人，或者分年齡或男女，說到產品就以所屬領域區分。或者，提到顧客就直接以職業別來區分，會去仔細思考的人很少。其實以職業區分顧客比想像中要難，最近職業之間的界線越來越模糊，出現許多無法歸類到傳統的製造業或服務業的新職業

圖3-5　MECE的分類方式

可將母集合完全分解為各項要素的情形	雖不能證明絕對沒有遺漏或重複，但只要先掌握住這些資料，就不至於出現太嚴重的重複或遺漏
・年齡 ・性別 ・地區 ・ ・ ・	・3C／4C ・行銷的4P ・組織的7S ・效率／效果 ・質／量 ・事實／判斷 ・短期／中期／長期 ・過去／現在／未來 ・商業系統 ・ ・ ・

，或者，購物時給顧客填寫的顧客資料卡上也有職業欄，時常可以看到勾選項目有管理職、專業職、醫生、律師等分類，但是像管理年輕醫生的外科部長本身也是醫生，應該勾選哪一項呢？應該勾選醫生欄還是管理職，甚至由於醫生是具有專業性的職業，所以是不是應該從這個觀點來看而勾選專業職？雖然不知道該顧客資料卡的用途，但是經過仔細思考，就會發現選項中不僅有重複的情形，甚至還有層次不同的選項混在一起。

而且，有一些在業界或企業中大家慣用的切入點，已變成了解的人才聽得懂的專業術語，造成許多外行人完全聽不懂而難以理解的情形。前幾天我在某家銀行的研修班中出了

一道MECE的練習題，請大家「包括銀行的商品在內，將世界上所有的金融商品做個整理，向毫無金融商品相關知識的顧客做說明」，參加研修的人當場都愣住了。因為即使他們具有專業知識，但這次不是要將自己所處理的商品的母集合說明給平常接觸的業務單位聽，而是要站在顧客的立場，對顧客進行容易理解而且對顧客有意義的說明，大部分的人都不知道該如何切入。自己經常在接觸的東西，對自己而言理所當然的東西，一旦要將它的全貌展示給對方看，讓對方容易理解，是很困難的。

以MECE整理事情時，不要只仰賴那些慣用的或理所當然的切入點，希望各位盡量擁有越多切入點越好。因為擁有多個MECE切入點的人，他擁有的MECE切入點數量就等於是可說服對方的自由度，而且，獨特的MECE切入點也會為傳達者自己帶來新的視野，可以刺激自己的創造力。

◆先掌握住日後才方便的MECE架構

3C/4C

所謂3C或4C是將企業或業界整體現狀當作母集合時，只要掌握3C或4C的要素，大概就可以確保已經涵蓋了整體。所謂3C或4C就是顧客／市場（Customer）、競爭對手（Competitor）、自己公司（Company）、還有通路（Channel）。只要了解市場或顧客的狀況，掌握了競爭對手及自己公司的

圖3-6　3C（4C）的概念

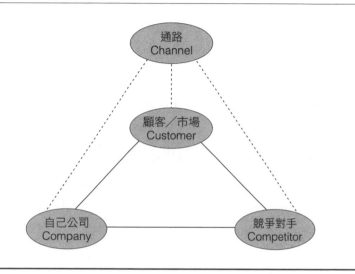

狀況，基本上就已經掌握了企業的整個現狀，而有些產業的成功關鍵在於大盤商或代理商等所謂的通路，這類產業就需要再加上通路的狀況。

　　3C、4C是進行企業現狀分析時的必備工具，例如，當你遇到一個問題，是要說明自己所屬分店的現狀，這時候，如果你只想到分店內發生的事或拿分店與總公司的競爭對手來比較，說明就不夠完整。你如果想以MECE說明分店的現狀，就必須掌握以下四個要點：首先說明自己分店的商圈狀況等市場趨勢或顧客趨勢；其次敘述同一商圈內競爭對手的策略或現狀；接著說明自己分店的業績，以及在本事業部／組織的現狀；如果是屬於透過代理店等通路的企業，就說明

通路的狀況。只要掌握以上4個要點，大概就可以毫無遺漏或重複地掌握分店的整個現狀。

4P

要設定某個客戶層的時候，需要思考對於該客戶層應該銷售何種商品、該如何銷售等行銷策略，這時就需要運用到4P。只要掌握4P，基本上就可以確保行銷上沒有遺漏任何重點。所謂4P是指，針對目標客戶提供具有什麼特性的商品（Product）、以什麼樣的價格（Price）、使用何種通路（Place）、利用何種促銷方法（Promotion）。因此，重要的是隨時將這4P與目標客戶連結在一起。

例如，開發以高收入者為對象的旅行商品，設想你現在正在向行銷業務部門的人說明這個商品的行銷，你已明確表示過以何種客戶為目標來行銷，然後說明「因為目標是什麼

圖3-7　行銷的4P觀念

Product（產品）

Price（價格）

Place（通路）

Promotion（促銷方法）

客戶，因此設定什麼樣的商品特性，以及什麼價格。我們將向高收入的客戶進行商品說明，就請各位優秀的業務人員實際進行促銷活動，此次促銷活動將在飯店舉行，讓客戶品嘗實際旅遊時會推出的餐點」。聽到這樣的說明，業務人員可能會在腦中一面浮現出認識的目標客戶，一面想著：「原來如此，這個商品好像很適合，這樣的價錢應該也可以接受，這次一定不要靠網路銷售或經銷商，正是我大展身手的時候。這次在飯店的促銷活動看來會是重要的關鍵！」他們因為有了整體概念，所以也了解你的說明。

流程／步驟

　　將事件以「從起點到終點的步驟或流程」加以區分並掌握，也是一種非常有效的MECE切入點。有些是將某事件從現象一直到發生區分成各個流程或步驟，也有像是過去、現在、未來，或短期、中期、長期以時間帶來區分的方式。例如要整理「如何才能向顧客促銷本公司的商品」這個問題的答案，以顧客購買的行為為終點，整理顧客購買商品之前需要經過哪些步驟，依各個步驟來統整促銷的策略，就是一個好辦法。請參考圖3-8上半的顧客購買流程。

　　這個屬於流程／步驟的典型切入點，一般稱為商業系統（business system）或價值傳送系統（Value delivery system）。（圖3-8下半）

　　所謂商業系統，是指企業開發產品或服務並以投入市場

圖3-8 流程／步驟的概念

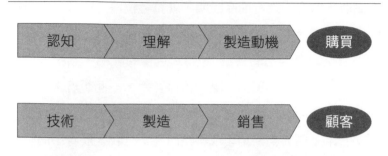

為終點，此時企業內需要進行的活動，依企畫、開發、製造
、銷售的功能各自進行整理。當然，隨著產業不同，或者即
使同一產業，也隨企業不同而有不同的商業系統。如果將你
的工作想成一個整體，而以流程或步驟整理你的工作，就可
以完成你的工作的商業系統。而將母集合，不是針對一家企
業，而是以整個產業為對象，整理其運作的流程、步驟，就
稱為產業鏈（Industry chain）。

商業書籍上時常提到的價值傳送系統，往往將企業活動
定義成為了讓顧客享受到某種價值，而去實現將價值傳遞到
顧客手上的這段流程。也就是「價值的選擇」是決定傳遞什
麼樣的價值，「價值的創造」是將該價值化為實際商品或服
務的形式，以及「價值的傳達」是將該價值實際傳遞到客戶
手上，思考使其具體實現的這三個步驟，並整理出各步驟所
需進行的業務或達成的功能及流程。

效率／效果、質／量

　　例如針對「改善」工作思考各項策略，這時在判斷策略的有效性和適切性的時候，很容易只注意到能提升多少效率。但是無論工作多麼有效率，只要因此而造成服務品質惡化，遭受顧客埋怨的話，一切改善就沒有意義了。因此，思考「效率」的時候，一定要相對地思考「效果」。記住，效率和效果應該當成一體的概念比較好。

　　另外，「質」與「量」也是一樣，運動選手的訓練或飲食，除了要重視量之外，質也是非常重要的。而就本書主題──溝通來說，所傳達資訊的質與量，是非常重要的切入點。並不是說資訊量越多越好，或是內容越高尚越好，應該要考量主題與對象，如果你能夠找出適當的資訊量與質，那麼你就是個優秀的溝通達人。質與量──也應該看成一體的概念。

事實／判斷

　　任何人都無法反駁的客觀事實，以及因人而異的主觀判斷，也算是一種MECE的思維。雖然這樣的MECE並不能證明沒有遺漏或重複，但是在第2章介紹「對方難以理解的類型」時已經說過，若是令人搞不清是事實還是個人判斷的話，就是因為原來應屬於MECE的客觀事實由於與主觀判斷之間界線不明，結果讓人覺得內容模糊不清。

　　如果你知道多個MECE的切入點，就可以用各種方式說服對方接受自己的結論。例如，你要說明的主題是競爭對手事業的現狀，而你的結論是「競爭對手中的X事業如日中天」，那麼，你要用什麼樣的觀點，使你在傳達競爭對手的現況時非常有說服力呢？

　　將競爭對手中的X事業現狀當成母集合，其中有一種方式是你可以用市場、競爭對手本身、競爭對手以外的業者、以及通路這四個切入點來進行說明，或者談到事業如日中天就會想到業績，因此也有一種方式是將收益方程式（收益＝〔價格－成本〕×數量）的各個項目分解說明。或者將X事業分解為商業系統或價值傳送系統，從各個功能或體制具有什麼優勢來說明。

　　有些MECE的切入點是學習後記起來的，有些是自己創造的，題材更是到處都有。初學的時候，就從以MECE整理自己的工作開始練習吧。

二、分類法──活用MECE整理資料

　　所謂分類法（grouping），就是從一大堆散亂的資料中找出MECE切入點，然後將資料區分成幾個類別，讓人比較容易掌握整體概念。相信很多人時常會有這樣的經驗：雖然蒐集了許多可以支持結論當作根據的資料，卻為了不知該如何整理而煩惱。這時就可以發揮分類法的威力，可以非常有效率地整理資料。

　　分類法具體來說包含哪些步驟呢？首先，先將手邊可以用來說服對方的材料全部篩選出來；然後，一面試著搜尋MECE的切入點，搜尋可以讓結論（也就是問題的答案）更淺顯易懂、有意義的MECE切入點，並試著將資料按照各個MECE切入點進行整理；於是，繁複的資料就分成了幾個類別。

　　其次，觀察各個類別裡所屬的資料，看分別是什麼樣的類別，試著下標題，也就是替類別命名。如果沒辦法順利命名，很可能是裡面混雜有不同種類的資料。這時就要再次觀察各個資料，重新進行整理，或是更換MECE的切入點。

　　最後，當各類別的標題全部收集起來，不但可以說明問題的答案，而且可以顯示答案的整體概念，並再次確認沒有重大的遺漏、重複、離題。這就是分類法。（圖3-9）

圖3-9　分類法

先篩選出自己手邊的材料或想說的資料，針對結論找出MECE
式的根據，或者找出使用MECE方法的切入點進行分類，讓人
容易看到整體的結構。

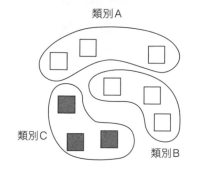

類別A

類別C

類別B

MECE中通常包括的幾個項目，
例如：
● 市場、競爭對手、自己公司
● 技術、製造、銷售
● 各區域的分公司

切入點通常不止一個，要選擇
最適當的切入點做為支持結論
的根據、方法。

◆分類法就是做出沒有遺漏、重複、離題的子集合

要注意，並不是將手邊的各項要素單純地分成沒有遺漏
或重複的類別就好，那樣會變成只是資料分類而已。

雖然前面已經說過，但再次強調，觀察分成各類別的資
料，並將各個類別命名（下標題）時，重要的是冠上標題後
，整體內容必須符合MECE的區分方式。而且，以某個
MECE切入點進行整理的時候，如果發現有資料同時屬於兩
個以上的類別，或有不屬於任何一個類別的資料時，就表示
切入點有問題，這時，要用別的切入點再試試看。

　　相反地，你可能也遇過這樣的情形，當你想要用某一個切入點進行說明，所以針對該切入點蒐集材料，但是使用分類法分類之後，才發現之前沒有想到的漏洞。

　　假設現在有10筆資料，如果你以①市場的資料②競爭對手的資料③商品的資料來進行分類的話，是否符合分類法呢？

　　答案是不符合，因為這種以事業做為母集合的例子，依市場、競爭對手、自己公司的3C來看，若是以市場、競爭對手、商品來分類，商品部分會出現問題。世界上所有的商品都可以分成競爭對手的商品或自己公司的商品其中一項，因此②和③的資料會出現重複。況且，自己公司以外的商品根本沒有整理的必要。因此不單只是將手邊資料分類而已，還要注意區分的類別彼此間必須具備MECE關係，這是很重要的。

　　在實際的商業場合，能將繁複的資料一清二楚地以MECE分類的恐怕少之又少。很多時候我們會猶豫，到底應該放進哪一個類別才好？但是，很多時候其實並不需要嚴密的區分資料，只要先大致區分，並下個標題，讓人可以很容易看到整體概況就足夠了。也就是說，分類法的意義在於明確顯示出子集合與累積子集合而成的母集合。

　　分類法與MECE一樣，可以利用周遭的題材不斷練習，藉此可以提升速度與精確度。建議讀者們剛開始就先以今天報紙上的電視節目表來做分類法練習吧。

特 集
分類法的注意事項

　　當出現「某人以A與B兩個MECE切入點將整體區分為兩部分進行說明，但是整體是10，而區分的結果，A是1，B是9，分布極不平均」的情形時，你可能會懷疑這樣的MECE在溝通上真的有效嗎？

　　很抱歉，這樣的切入點雖然是MECE，但恐怕對接收者而言沒有任何意義（當然，如果是為了要凸顯對比，或拿來說明這樣的分類沒意義的話，就另當別論）。這樣的分類只是單純地將10個要素整理成兩類，但若是希望對方理解的話，那9個要素所屬的B類，還需要更進一步的區分。

　　像這樣，即使的確是以MECE進行整理與分類，但是希望讓對方理解自己的結論時，還必須思考所選擇的切入點是否恰當。

　　分類法說穿了就是分成「某個」與「某個以外」，但是常常「某個以外」不再加以分類就沒有分類的意義了。畢竟分類的目的就是要使你的結論讓對方理解，並將整體概念呈現出來，讓別人更好懂。

重點練習

1. 加強MECE思維

　　接下來練習以毫無重複、遺漏、離題的子集合，來掌握事情或概念。

例題───────────────

　　某一天，公司的總務部長找你談以下的的內容：

　　「我想在新的辦公大樓裡設置一台飲料的自動販賣機。最近可以在自動販賣機買到的飲料種類增加很多，而且最近招待客戶喝的飲料，利用自動販賣機的情形也越來越多，所以也不能放太差的飲料。既然要設，當然希望設一台讓公司員工大家都喜歡的販賣機，以提高工作效率。因此，我希望你能告訴我，現在用自動販賣機可以買到哪些飲料，讓我有個整體概念。」

　　的確，世界上的飲料自動販賣機多得不得了，而所賣的飲料更是千變萬化。如果是你，你會選擇什麼樣的切入點來以MECE整理世界上所有自動販賣機所賣的飲料呢？

◆思考方式與解答例

步驟1：確認問題（母集合）是什麼？

　　一切都要從確認問題開始。在這種情形下，問題是：「以世界上所有自動販賣機賣的飲料做為母集合，該如何整理？」以自動販賣機賣的飲料做為母集合，尋找適當的切入點，將母集合毫無遺漏與重複地分成MECE的子集合。

　　另外，還有一點很重要的是，以MECE整理並傳達的內容，必須要能回答對方問問題的目的。你必須記得，總務部長將問題交給你的時候，設定了各種情況，像是讓員工可以提振精神，或用來招待客戶等等，這些可用以引導思考的方向。

步驟2：尋找MECE的切入點

　　凝視問題，分解問題的構成要素，並針對各個要素思考MECE的切入點。以下是最具效率的方法。

　　首先，將「自動販賣機所賣的飲料」的主題，區分成「自動販賣機」、「賣」、「飲料」，並將三者分別當成一個概念來進行MECE區分，如果找到適用的切入點，就再確認該切入點能不能將「自動販賣機所賣的飲料」的問題加以整理成符合MECE。例如以下的思考方式：

①以MECE方式掌握「自動販賣機」的解答例……你可能會想到「有哪些廠牌的飲料」、「設置在哪裡」、「所賣的飲料有哪些種類」、「是否可以按照喜好調整口味」，於是，可以整理成以下的切入點。

商品廠牌別
— 可口可樂公司的飲料
— 三多利（Suntory）的飲料
— 麒麟（KIRIN Beverage）的飲料
⋮

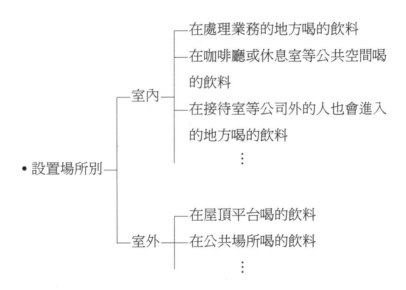

設置場所別

室內
— 在處理業務的地方喝的飲料
— 在咖啡廳或休息室等公共空間喝的飲料
— 在接待室等公司外的人也會進入的地方喝的飲料
⋮

室外
— 在屋頂平台喝的飲料
— 在公共場所喝的飲料
⋮

②以MECE方式掌握「賣」的解答例……由於提到買賣，就以「賣多少錢」或「為什麼買」的觀點找出以下的切入點。

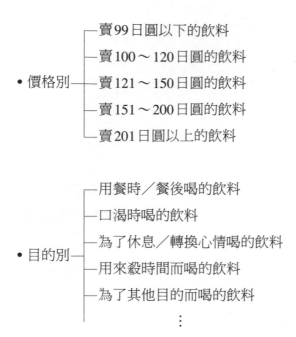

- 價格別
  - 賣99日圓以下的飲料
  - 賣100～120日圓的飲料
  - 賣121～150日圓的飲料
  - 賣151～200日圓的飲料
  - 賣201日圓以上的飲料

- 目的別
  - 用餐時／餐後喝的飲料
  - 口渴時喝的飲料
  - 為了休息／轉換心情喝的飲料
  - 用來殺時間而喝的飲料
  - 為了其他目的而喝的飲料
  ⋮

請確認 當有人要求你將全世界自動販賣機賣的飲料進行分類，如果以購買飲料的目的為切入點，事實上非常困難。例如茶可以在吃飯時喝，也可以在口渴時喝，會出現重複的情形。但是，顧及總務部長的目的不在於嚴謹地進行MECE思維，而是想刺激一些在新辦公大樓放置自動販賣機的點子，那麼以目的別分類的切入點就可以說大有幫助。這次重點不在於MECE思維是不是嚴謹，而是對於對方有意義的MECE分類才重要。

③以MECE方式掌握「飲料」的解答例⋯⋯可以想到「有多

少容量」、「用什麼容器裝」的切入點。對於正在減肥的人，「有多少熱量」也是不錯的切入點，另外還可以想是整年都可以喝的飲料還是限定季節的飲料。

- 容量別
  - 125ml以下的飲料
  - 126～250ml的飲料
  - 251～350ml的飲料

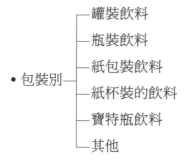

- 包裝別
  - 罐裝飲料
  - 瓶裝飲料
  - 紙包裝飲料
  - 紙杯裝的飲料
  - 寶特瓶飲料
  - 其他

- 溫度別
  - 熱飲
  - 冷飲
  - 常溫飲料
  - 其他

- 成分別
  - 含酒精飲料
  - 不含酒精飲料

【請確認】當你無論如何都想不出MECE的切入點時，還可嘗試以下的方法。

最後絕招1

先想出一個母集合所包含的子集合的特徵，思考與那個特徵相對的概念是什麼，以及那個特徵以外還有哪些子集合。因為「A」與「A以外」永遠都符合MECE，因此只要決定了「A」，再去想A以外的部分能不能再細分。如果A以外的部分不能再細分，則該切入點不具意義的情形居多，所以要注意。

最後絕招2

將任何想到的要素列舉出來，並對這些要素進行分類，找出切入點。這是最容易進行的辦法，但也是非常容易出現遺漏或重複的方法，效率較差，只能當成最後的辦法。

【請確認】切入點的定義是否明確，請看看不同的人對於該切入點是不是會有不同的解釋。例如你設定了一個運動飲料的範疇，而舉某一個商品為例，讓別人判斷該商品屬不屬於運動飲料，如果不同的人會做出不同的判斷，那麼當你將自己的想法傳達給對方時，以運動飲料做為MECE切入點就不適當。這時候你必須先定義什麼是運動飲料。

請確認 例如你找到以飲料的成分做為切入點，那麼含有維他命C或不含維他命C，含鈣或不含鈣等等，可能有無數個切入點浮現，這時請你記得「針對對方的目的進行回答」。含不含維他命C或含不含鈣的確是MECE的切入點，但是這樣恐怕無法回答總務部長的問題吧。

　　成分分解的意義大概僅止於分成含酒精類、不含酒精類、茶類、咖啡類、果汁類、乳製飲料類、以及其他，到這種程度就足夠了。

問題1

　　世界上有各種「便當」，便當的種類只會不斷增加。以「世界上所有的便當」為整體，該如何整理呢？請嘗試以MECE進行整理。

提示1 如果你還在海苔便當、鮭魚便當……這樣一個一個列舉的話，恐怕離答案還很遠。便當只有用買的嗎？或者除了買來的便當之外，有沒有其他的呢？

提示2 將「買的便當」再加以分解，應該依據什麼來進行分解呢？是該分解「便當」本身呢？還是以5W1H來分解「買」呢？

問題2 ───────────────────────────

　　最近電視節目快速增加，報紙的電視節目表版面也越來越大。請以MECE整理電視節目。

提示 應該著眼於電視節目的什麼呢？電視台？時間？種類？有線無線？

問題3 ───────────────────────────

　　以「對顧客進行業務活動」為整體，可以用什麼方式掌握整體呢？先不管你的公司是否有實際進行，請以MECE整理理論上該如何進行掌握。

提示 將「對顧客進行業務活動」區分成「顧客」、「業務活動」，並分別以MECE分解看看，想想對誰？做什麼？在哪？等等依5W1H思考，至少會出現10個切入點。

問題4 ───────────────────────────

　　設想你現在要向完全不知道你們公司的人說明你公司所提供的服務，請以MECE整理，使整體概念讓人容易了解。

提示 母集合是公司所提供給顧客的服務，換句話說，就是「顧客可接受到的服務（價值）」。絕對不是你們公司所進行的「業務」。

問題5

　　將你的工作內容的整體以MECE整理，讓完全不了解的人也能輕易了解。

　[提示] 你會著眼於自己工作的哪個部分？工作的性質？種類？競爭對手？或者用一個可以讓完全不清楚的人一看就了解整體概念的切入點。

2. 加強分類法

　　將乍看之下毫無脈絡的一堆資料用MECE進行分類，讓人可以了解整體概念。

例題

　　α銀行的分行櫃台放置了用以聽取顧客意見的問卷箱，而你的分行這個月收到了以下這些顧客意見回函。你會怎麼整理這些回函呢？請使用MECE分類。

---

　1. 服務台的人員很有精神，感覺很好。
　2. 等候區的雜誌太老舊了
　3. 窗口女行員的說明很清楚。
　4. 服務櫃台太少，有問題要詢問時總要等很久。

5. 分行內的沙發椅很髒。

6. 代表的吉祥物很可愛。

7. 商品沒有獨特性。

8. ATM的機種太老舊。

9. 電話交易的時候總要等很久。

10. ATM的等待時間很短，馬上就可以辦完事。

11. 停車場很大很方便。

12. 使用吉祥物的贈品太少。

13. 即使開了戶，也沒有收到任何建議。

14. 才問到第二句行員就開始說要問總行才知道，時常得不到立即的回答。

15. 行員提供的資料常常有缺，一個手續時常要跑好幾次才能辦完。

◆思考方式及解答例

步驟1：確認問題（母集合）是什麼？

問題是「寄到分行的顧客意見該如何整理」。而母集合就是上述的15件顧客回函。

步驟2：找尋MECE的切入點

不要一開始就直接區分各個資料，而要先從問題聯想出有哪些MECE的切入點。由「寄到分行的顧客意見該如何整理」的問題，試著聯想看看有什麼切入點。

①初級的解答例

　　如果你心中浮現像是對現狀「褒獎」與「責難」、「滿意」與「不滿意」的切入點，那就表示MECE已經在你的腦中佔有一席之地了。在思考MECE切入點的時候，不要追究各個資料詳細的內容，而是要思考這些資料集合起來的目的。在這個例子中，目的應該是從顧客意見中，找出應該改善服務的地方。於是就分為：

┌─ 滿意：1、3、6、10、11
└─ 不滿意：2、4、5、7、8、9、12、13、14、15

這樣就可以將15個要素毫無遺漏且互不重複地完成分類。

請確認 假設你想到「對現狀的評價」與「要求或提議目前沒有的東西」的切入點。這在概念上的確屬於MECE思維，但是這個例子中15項顧客意見都屬於對現狀的評論，所以沒有屬於「要求或提議目前沒有的東西」這類的項目。因此即使切入點本身確實屬於MECE，但是仍不適合當作用於分類法的切入點。

步驟3：從大分類中思考是否能以MECE再加以細分

　　實際分類可看出不滿意的要素數量明顯比較多，這樣並不能看出顧客對什麼不滿的整體概念，因此，必須試想不滿

意的意見當中，是否可以再分類。於是：

不滿意——對停車場或ATM等硬體部分的抱怨：2、4、5、8
　　　　└對於人或商品本身等軟體部分的抱怨：7、9、12、
　　　　　13、14、15

可以將不滿意的意見再分成2個類別。

②中級的解答例

　　有些讀者也許不是將最初的MECE切入點放在滿意與不滿意上，而是想到硬體與軟體之別。那麼我們去觀察硬體所包含的要素時，會發現雜誌與停車場雖然都稱為硬體部分，性質上卻大異其趣。因此，硬體和軟體部分都再進一步整理並區分開。於是可以分成：

也許有人會問，設施／設備、消耗品的分類真的符合MECE嗎？或者商品真的屬於軟體嗎？但別忘了重要的是，對方看

到這個分類，是不是就可以很輕易掌握整體概念。與其追究設施／設備、消耗品的分類算不算MECE，不如說只要對方也和你一樣有同感，認為硬體當中可將規模（成本）分為大、中、小就可以了。

步驟4：確認有無遺漏，或是否有同一項目可分屬不同類別的情形

再次審視你的分類，看看有沒有橫跨多個類別的資料，或是有不屬於任何一類的資料，或者就算切入點本身符合MECE，但是其中一類所包含的要素明顯佔多數的情形。

③高級的解答例

顧客的意見如果對改善工作沒有幫助，就沒有意義。從這樣的觀點來看，就會想到以回應與改善的「主體」或「難易度」做為切入點，來整理顧客的意見函。例如可以有以下的切入點：

主體 ── 只要自己分行進行改善就可以解決的事項
　　　└─ 必須要由銀行整體進行回應的事項

期間 ── 馬上（短期之內）可以回應的事項
　　　├─ 需要1個月左右的時間
　　　└─ 需要1個月以上的時間

```
       ┌─不需要花錢就可以改善的事項
       ├─10萬日圓以內可以改善的事項
成本───┤
       ├─花10萬至50萬日圓可以改善的事項
       └─需要花50萬日圓以上
```

這些切入點是朝著下一個步驟,也就是進行改善的方向,來整理顧客的意見,在職場上可說是非常好用的切入點。

請確認 當你無論如何都找不到MECE切入點的時候,可先將具有共同特性的要素分成同一類,並試著為那個類別命名(下標題)。也可以用那個類別當作線索來尋找MECE切入點。但是別忘了確認類別名全部都要符合MECE。

問題1

　　以下是某位單身男性列舉出1個月薪水的支出方式,請將這些支出用途進行分類。

〈月薪的支出明細〉
房租、管理費、婚友社的會費、旅行、員工餐廳的餐費、美容美髮費用、汽車燃料費、停車場費用、零用、餐費、交際費、聯誼費用、壽險、車險、定存、公司存款、買書、每月英語會話補習費

提示 別被費用的名目搞得暈頭轉向，只要想想費用的目的或性質，很快就可以找到較大的切入點。例如其中有每個月繳定額的費用與金額會變動的項目。

問題2

以下是針對「狗飼料業界現狀」的主題所蒐集到的情報。可以如何分類？

〈狗飼料業界現狀〉

1. 飼主重視狗飼料的成分，使用化學調味料或防腐劑的商品風評不佳。

2. 動物藥廠紛紛投入以維持狗兒健康為訴求的商品市場，這類商品數量在3年內已增加為5倍。

3. 本公司去年取得專利的調和飼料具有促進新陳代謝的效果，最近頗受專家們注意，而且寵物雜誌等已經開始介紹。

4. 雖然像動物醫院這類專門處理治療用食品的醫療資材廠商會進貨，但還沒有打進一般通路。

5. 寵物用品廠商現有的食品，口味不夠多樣化，寵物狗一下子就吃膩了等等，令飼主感到很不滿。而且由於很難做到差異化，因此最後傾向於以價格競爭。

6. 本公司在狗飼料市場一直以來都是以便宜的價格又可以安心食用而受到好評。而且公司產品的價格競爭力也很強。

7. 動物飼料廠商中有一家推出了預防狗兒過度肥胖的寵物食品，但該食品與一般狗食一樣在量販店銷售，沒有被當成健康食品而與一般商品有所區隔。

---

8. 近幾年養狗當寵物的人越來越多，而且越來越多飼主不把寵物視為動物，而是當成家庭成員的一份子，花在寵物身上的費用每年都在增加。

9. 本公司最近倡導苗條與健康，在市場上推出低卡路里的狗飼料。

10. 由於狗是家庭一份子的意識高漲，希望盡可能給狗吃好吃健康且口味多樣化的飼主越來越多，希望每天餵不同狗飼料的飼主比例，為5年前的4倍。

11. 狗飼料的商品種類也正在增加，飼主會拿各種商品來測試寵物的喜好，因此沒有哪一種商品的市佔率可以明顯突出。

提示 以事業的現狀為母集合時，試想應該以什麼為MECE的切入點，來掌握母集合。

問題3

設想你最近轉任職於某食品公司的義大利麵醬事業部，你想讀一些部門內部資料，於是去和上司商量，上司的回答是：「首先，我希望你能先了解我們的新產品，也就是淡口味肉醬。由於資料很多，你先看看以下的標題，要看哪個資料就告訴我。」於是你想使用分類法以掌握整體概念，看有些什麼樣的資料。這次沒有提示，請試著自行分類。

〈新產品淡口味肉醬相關資料一覽表〉

資料1：義大利麵與義大利麵醬市場規模的變化

資料2：競爭對手B公司營業額變化及其背景

資料3：淡口味肉醬相關的概念

資料4：義大利麵醬相關消費者的變化

資料5：淡口味肉醬的銷售通路

資料6：競爭對手A公司義大利麵醬營業額的變化

資料7：義大利麵醬的包裝・銷售通路的動向

資料8：本公司低價位商品群與競爭對手的同種商品價格比較

資料9：競爭對手C公司風味醬的現狀

資料10：淡口味肉醬的促銷活動

第4章

避免內容不連貫

在說明自己的結論時，我們常常很自然會用「於是」「因此」「像這樣」這些詞彙。若是我們將「於是」「因此」或「像這樣」的前後內容以一般的思考邏輯來想，竟然發現不連貫、前後跳接而不合理，結果可能造成對方無法理解，或是傳達者與接收者之間沒有發現彼此「雞同鴨講」，整個談話一路朝向「莫名奇妙」的方向前進。

「於是」「因此」「像這樣」的前後必須連貫，並使傳達者想說的結論與根據，或結論與方法相連接，這樣才能讓對方了解，其重要性想必各位都知道。而能達成這個目的的技術就是「So What?/Why So?」。

一、So What?/Why So?──避免內容不連貫的技術

所謂So What?是指，從手邊的資訊中找出「究竟是怎麼一回事」部分的作業。換句話說，就是從「於是」「因此」「像這樣」之前所敘述的資訊當中，抽取出與要回答的問題相

圖4-1　所謂 So What?/Why So?

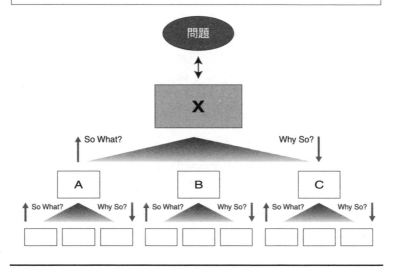

So What?：
從手邊的材料整體或經過分類法整理的內容中，找出可用於回答問題的
菁華部分。
Why So?：
驗證藉由手邊的全部材料或經過分類的要素，可以證明 So What?內容的
適切性。

呼應部分的重要菁華。而「於是」「因此」「像這樣」之後所
敘述的內容，就相當於回答前面某些資訊的 So What?問題。

　　關鍵在於，針對 So What?的內容問「為什麼可以得出這
樣的結論？」的時候，以手邊的資訊及準備好的材料必須可
以清楚說明。「為什麼可以得出這樣的結論？」「具體而言
究竟是怎麼回事？」像這樣進行驗證、確認的動作，就是
Why So?。用圖4-1來看，針對 A、B、C這些資訊質問 So

圖4-2　本公司各商品的獲利情況

（單位：億日圓）

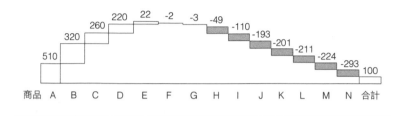

What?，可以得到 X，同時，問 X Why So?時，答案就是 A、B、C，這種彼此互為一體兩面的緊密連結關係，就是避免內容不連貫的祕訣。假如結論與根據、結論與方法、或者根據或方法中可以分成幾個層次，祕訣就是各個層次之間形成一體兩面的緊密連結關係。

　　So What?/Why So?不只是運用在結論與根據的所謂問答要素之間的一種關係，也可以應用在一張圖，或是一篇文章當中。現在就試著在簡單的圖中捕捉 So What?/Why So?的感覺。例如參考圖4-2，從這張圖中可以看到什麼事情，請想一想 So What?。其內容大概像是「從這張圖可以看出○○」。這時，對於 So What?的內容提出「真的可以得出這樣的結論嗎？」的 Why So?質問，也要以這張圖就可以明確回答，這一點很重要。看看以下這兩句話：

• 全部14項商品中，獲利為正的只有5項，剩下的9項

為赤字。

- K、L、M、N這4項商品的赤字，就吃掉了A、B、C、D這4項商品的利潤的7成，結果總獲利只有100億日圓。

對於這兩句話如果問Why So?，確實都可以用圖來說明其為真，所以這兩句話可說是正確的So What?答案。那麼我們再來看，接下來這兩句話是否也是正確的So What?答案。

- 商品J的赤字，由商品C來彌補。
- 為了提高本公司的利潤，應該考慮裁撤赤字達100億日圓以上的商品，以高利潤的4種商品為中心來營運即可。

針對以上兩句問Why So?時，可以用這張圖來證明嗎？先看第一句，商品C的利潤確實比商品J的赤字要大，但是由這張圖看不出商品C是否有對J的赤字進行彌補。再看第二句，赤字商品確實佔了約65％，想到將好不容易獲得的利潤都抵銷掉了，就會認為裁撤掉赤字商品應該會比較好。但是，為什麼以100億日圓做為裁撤標準呢？是否真的應該裁撤呢？從這張圖所提供的資訊實在無法判斷。也就是這兩句話都無法只靠這張圖就說明Why So?，所以，So What?/Why So?的關係不成立，因此上述兩句話都不是正確的So What?問題的答案。

　　也許你會認為哪有這麼笨的例子，其實，這個例子就是某企業的實際業績資料（當然數據是虛構的）。

　　不論是書面說明或口頭說明，如果只靠所提供的資料還不足以說明Why So?的話，恐怕那會是一場對接收者而言非常難懂，且內容不連貫的溝通。當你發現你一面說明時還一面要補充「這裡雖然沒有符合的資料，但是……」或「如果將這裡沒有提到的某某資料一併考慮」的話，那就要小心了。因為接收者原本是想根據你所提供的資訊去理解文章或圖表，但是將各種你所列出的資訊加以綜合思考，並且問So What?，卻還是沒辦法得出你所說的結論，或者為了理解你說的結論，用Why So?一次又一次地進行驗證，還是無法得到合理的解釋。

◆養成So What?/Why So?的習慣

　　只要記住基本的幾種切入點，再慢慢增加，最後就可以擁有MECE的思維方式。但是So What?/Why So?完全屬於大腦裡的運作，並不是記住什麼就可以學得會的。為了要能運用自如，必須從平時就養成思考「總之，從這些可以得到什麼」、「總之，現在所說的重點是什麼」的習慣。

　　可能很多人都有如下的經驗，當下屬說了「客戶打電話來……」等等一長串的敘述之後，你回問他「總之，客戶到底說了什麼？」下屬一被這麼問之後就接不上話確實令人傷

腦筋，但是更慘的是那種回答時所整理的內容不正確的下屬
。

　　也就是以下這種情形。你相信了下屬回答的「總之，就
是怎麼一回事」，而去回應客戶，才發覺與客戶之間的認知
有出入。仔細確認之後，發現下屬的「總之」的重點根本就
弄錯了。因此問了So What?之後，記得一定要用Why So?進
行確認。這是在商業上的重要習慣。另外，很多中間管理階
層的人會感嘆「下屬的理解能力太差」、「下屬都不求甚解」
，但通常會感嘆的人就是那種會將上司的話不假思索地轉達
給屬下的人，而不會用自己的話思考So What?，或是下達沒
有經過Why So?確認的指令。中間管理階層是組織當中資訊
的連結點，所以中間管理階層的So What?/Why So?能力，可
以決定組織的溝通能力。

　　大部分能快速理解的人，都是在讀或聽的時候，會思考
「總之是怎麼一回事」，而可以快速準確地萃取出幾個重點，
換句話說，他們思考So What?的能力很強。

　　讀報紙或雜誌正是練習So What?/Why So?的絕佳機會。
希望各位一定要具有思考So What?的能力。

二、So What?/Why So?的兩種類型

就像MECE要確保要素完全分解，而且確定沒有太大的重複或遺漏；一般So What?/Why So?也有兩種，一種是正確說明所存在的現象或事實重點的「觀察」型So What?/Why So?，以及根據這些現象或事實，將其中的共通事項或機制萃取出來的「洞察」型So What?/Why So?。

◆「觀察」型的So What?/Why So?

內容不連貫的原因，一般潛藏在傳達者想都沒想過的小地方。無論是圖表或關係圖等所顯示的數據，或者新聞及公司內部資料等等寫成文章的資料，如果你問是不是每個人都能正確解讀出「總之，從這裡可以得知什麼」的話，答案想必是否定的。

每個人都是依照自己所關心的事，或日常所習慣熟悉的文意去解釋事物。對於顯示某個資訊的事實，對方不見得會用與你相同的方式去進行「觀察」，所以認為「不必特別傳達So What?，對方看了應該就知道」的想法，正是陷阱所在。

特 集

So What?/Why So?不認為一切都是理所當然

　　請參照下表，看過之後想想關於外資零售業進軍日本市場的 So What?問題。一般可能會説「從下表可以得知○○」。這時，對於 So What?的內容提出 Why So?質疑，問真的是這樣嗎（為什麼可以這麼説）時，用這張表就可以清楚説明。這是很重要的關鍵。

　　下表的 So What?不止一個。但是不是以下的敘述都正確呢？

- 到了 1990 年代，主要進軍日本的外資零售業中，美國企業佔整體將近80%。
- 1999 年下半年，歐洲企業相繼進軍日本。
- 1990 年代進軍日本的外資零售業，其中約半數集中在1999 年與 2000 年。
- 直到 1997 年左右，業種都還侷限於戶外用品、玩具、文具等，但最近 2 年，業種已擴展到家具、化妝品等。

　　這些全部都可以由圖來證明 Why So?，所以可説都是正確的 So What?。

　　即使觀察相同的東西，由於觀察者有興趣或關心的事情不同，很可能會得出不同的 So What?內容。但是如果去看看企業的產業企畫書，會發現幾乎都只是將數據或分析列出來，很少會明確表示出 So What?，也就是該怎麼解讀那些數據

或分析，或希望你從這些資料中讀到什麼。不要以為「只要看到圖應該就一目瞭然了」，因為那樣會變成把So What?全權交由接收者解釋。不可以認為「看了就會懂」而放任不管，明確表示出「總之，從這裡我們可以看出什麼」，是非常重要的。

進軍日本的重要外資零售業

進入年月	公司名稱	主要商品
1991年 12月	Toys "R" Us	玩具
92年 11月	L.L. Bean	外出服飾
94年 9月	Eddie Bauer	外出服飾
95年 9月	GAP	休閒服飾
96年 7月	SPORTS AUTHORITY	運動用品
97年 11月	Office max	文具／辦公用品
12月	Office DEPOT	文具／辦公用品
99年 4月	COSTCO	量販店
7月	ROOMS to GO	家具
10月	Boots	藥妝店
11月	SEPHORA	化妝品
2000年 4月	Recreation Equipment Inc.	戶外用品
12月	Carrefour	綜合超市

轉載自《日經Business》2000年7月24日，P36。

　　如果觀察企業的事業企畫書就會發現，很多資料有附上標題的算是不錯的了，大部分都沒有明確表示So What?部分，也就是沒有顯示出希望讀者從這些資料中讀出什麼訊息。最近有很多企業為了幫助理解，盡量減少文章而鼓勵多用圖表來表示，但是要製作出任何人看到都可以讀出相同訊息的圖表，想利用圖表來理解相同的內容而達成溝通，事實上比寫文章還要難。另外，職場上也常會發生爭議，無法達成一致結論的情形，如果彼此對事實有相同的認識，只是立場不同而爭議的話，還算是有爭議的價值，但很可惜的是，絕大部分的情形是由於即使觀察相同的事實，彼此的認知還是不同。

　　首先，要正確「觀察」事實並明確表示出來，讓接收者也能對你的「觀察」結果有相同的理解。這就是消弭內容不連貫的第一步。

　　「觀察」型So What?就是將所提供的事實當作母集合，從其中摘要出可以得知的內容，而Why So?就是將摘要後的觀察結果進行要素分析以做為驗證。剛才提過的「本公司各商品獲利」（圖4-2）的 So What?/Why So?，想當然爾是「觀察」型的So What?/Why So?。

　　為了讓各位更加熟悉，請試做以下例題。

例題1

　　下圖是製作義大利麵醬的A公司的相關資料，觀察該圖後請思考觀察型So What?，並以Why So?進行驗證。

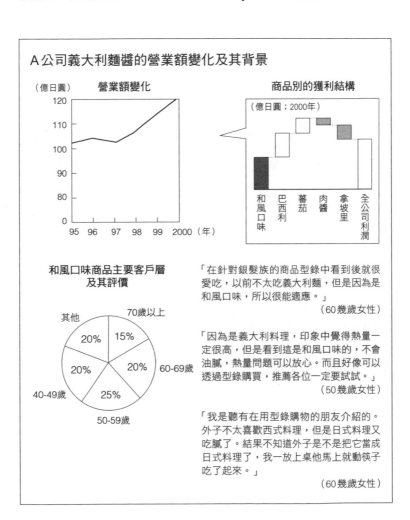

◆思考方式與解答例

步驟1：確認該圖表的主題（母集合）是什麼

　　So What?/Why So?也是從主題（問題）的確認開始。如果出發點搞錯了，可能就會朝莫名奇妙的方向問So What?。3個關係圖的共同主題是「A公司義大利麵醬的營業額變化及其背景」，因此可以設想So What?應該是「A公司義大利麵醬的營業額由於○○而成長（減少）」之類的。

步驟2：觀察各個事實，一面思考So What?，一面以Why So?進行確認

　　像本例題中有多個圖表的時候，不要劈頭就想問So What?，先一個個觀察過後，再思考觀察型的So What?。

　　曲線圖是表示從1995至2000年義大利麵醬營業額的變化。可以針對1997年左右開始的營業額大幅成長的現象問So What?，並以Why So?進行確認。

　　柱狀圖是將全公司的獲利以商品別顯示，可以看出什麼商品可以賺到多少利潤。觀察之後基於和風口味獲利最大，賺進全公司將近7成利潤的情形，進行So What?/Why So?。還有，也可以運用在巴西利、蕃茄是有盈餘，而肉醬與拿坡里是虧損的情形上。

　　另外，圓形圖顯示和風口味是受到何種客戶層支持，各佔多少百分比。觀察之後可以得知，40歲以上的顧客佔全部

客戶的8成，看過評論之後，不只提到和風這項特色，大部分評論中也都提到銀髮族的商品型錄。

步驟3：依照圖表標題，將各個觀察型的So What?加以摘要

為了得到標題也就是主題「A公司義大利麵醬的營業額變化及其背景」的結論，需要將3個圖表的觀察型So What?加以摘要。看來大概是以全公司的成長與和風口味的貢獻為核心來進行摘要。

例如「A公司從3年前開始營業額持續成長。和風口味的商品透過商品型錄以40歲以上的高齡層為主，深受歡迎，現在和風商品成了A公司獲利的支柱」。

針對以上的訊息問Why So?，驗證是不是能夠只用圖表裡的事實就足以證明。

（請確認）問So What?時，必須將內容整理清楚，讓對方可以描繪出整體內容是很重要的。說觀察型的So What?是事實的摘要，很多人可能會以為那應該要簡短，應該要用抽象度高的講法，結果很可能講出一些類似「市場正在變化」、「競爭對手正在因應市場的變化」、「本公司無法回應市場變化」的So What?。

但是這些說法毫無意義。因為完全無法從中得知市場以什麼方式，由怎樣變成怎樣，具體而言競爭對手是如何因應市場變化的，或本公司具體而言變成怎樣，公司的回應方式

為什麼無法跟上市場變化。所以即使這樣進行了So What?，接收者在腦海裡還必須再思考：「那麼，具體而言究竟是怎樣呢？」

所以重要的是聽過、讀過你的觀察型So What?之後，可以讓沒有看見事實的對方也能描述出你所觀察到的事實，並且有具體的概念。稍後在重點練習的部分，我們會再來談。

◆「洞察」型的So What?/Why So?

「洞察」型So What?/Why So?是從顯示狀況的多個資料當中，導出其中所存在的規則或法則，提供參考，讓自己的公司可以採取行動或評估影響，也就是從某些資訊推導出不同種類的資訊。

又，有時候針對特定的問題，只要仔細看觀察型So What?/Why So?，問題的結論所依憑的假設也會浮現出來。「提出假設」這樣的工作，也是從顯示事實的資訊當中，推導出例如產業結構或自己公司該採取的行動等等，算是不同種類的思維和判斷，因此也是「洞察」型So What?/Why So?的一種。

相對地，「觀察」型So What?/Why So?是從顯示狀況的資料中抽取出「總之是什麼狀況」的重點，或是從該採取的行動說明當中萃取出「總之應該怎麼做」的重點。也就是說，關於狀況就萃取出狀況的重點，關於行動就萃取出行動的

重點，「觀察」型 So What?/Why So?就是從同種類的資訊中萃取出該種類重點的作業。這就是「觀察型」與「洞察型」的差異所在。

那麼，什麼樣的東西可以做為「洞察」型 So What?/Why So?的內容呢？當然，「觀察」型 So What?/Why So?是一種來源，但是除此之外，還有所有的人都公認正確的常識或常理，或者傳達者與接收者之間具有共識的事情或前提要件──例如企業理念或產業的前提條件等──甚至還包含理論上可以證明是正確的MECE概念等，都可以做為「洞察」型 So What?/Why So?的材料。請利用以下的例題，試著掌握「洞察」型 So What?/Why So?的感覺。

例題2

假設你的公司是製造義大利麵醬的食品公司。以下是競爭對手A、B、C的現狀。請依據各公司的狀況，針對競爭對手的動向進行「洞察」型 So What?/Why So?練習。

> A公司：從3年前開始營業額持續成長。其中，和風口味的商品透過商品型錄，以中高年齡層為主而大受歡迎，現在和風商品成為A公司獲利的支柱。
>
> B公司：在便利商店就可以買到的手工風味的義大利春菜醬，以單身女性為主而大受歡迎。義大利春菜醬的營業額急速成長，已佔整體營業額一半以上，是B公司營業

> 　　　額成長的大功臣。
> C公司：鎖定高級食材店通路的高級風味醬在都會區的市佔率
> 　　　　高漲，已成長為佔營業額4成的商品，對C公司的貢
> 　　　　獻功不可沒。

◆思考方式與解答例

步驟1：確認問題

　　在「洞察」型So What?/Why So?當中，和「觀察」型So What?/Why So?同樣重要的是，要確認針對什麼問題來問So What?。問題應該是「從這3家公司的現狀，可以洞察到什麼樣的競爭對手動向」。

步驟2：針對各個事實先進行「觀察」型So What?/Why So?

　　以「觀察」型So What?/Why So?從公司的各項資訊中找出特徵。

- A公司以和風口味商品在中高年齡層利用商品型錄擴大銷售。
- B公司的手工風味商品以單身女性為目標，並活用便利商店通路。
- C公司推出只在高級食材店銷售的高級品，目標放在都會區。

以上可以清楚看出各家的策略。但是，這只是「觀察」型 So What?/Why So?而已。

步驟3：審視「觀察」型 So What?/Why So?，並從各公司的「現象」抽取出「法則」

審視各公司的「觀察」型 So What?/Why So?，發現各公司都以各自的方式獲利。著眼於共同的結果是獲利，因此接著就思考持續獲利的原因是不是有一定的法則。於是可以發現3家公司的共通性有以下幾點：

- 各家分別鎖定明確的顧客／目標市場，像是年齡層、單身女性、都會區。
- 各家對於目標市場提供的商品具有明確的特色，像是和風口味、手工風味、高級品。
- 各家各自鎖定銷售商品的通路，像是商品型錄、便利商店、高級食材店。

可以發現4個共同點，也就是目標顧客、商品、通路的特色，以及有獲利不錯的成果。針對這些問 So What?，大概會是「相互競爭的各家公司，以銷售特色商品的方式，掌握特定顧客群，擴大了營業額，也確實有不錯的獲利」。

步驟4：以 Why So?進行驗證

進行「洞察」型 So What?/Why So?時，各公司的「觀察」型 So What?的具體資料應該可以提供線索。這樣可以確認你

的「洞察」型 So What?/Why So?是否恰當。

◆「觀察」型 So What?是「洞察」型 So What?所不可或缺的

當一個人以「事實歸事實，但我認為……」來談未來的事情時，那麼他只是以為自己看到了別人沒看到的東西，而且認為「洞察」型 So What?比「觀察」型 So What?更有價值。但是，這樣的想法其實大錯特錯。

筆者經歷過各式各樣企業的溝通現場實況，發現會仔細觀察事實，並做出正確的觀察型 So What?的人其實很少。傳達者能以寫或說的方式，讓對方讀了或聽了之後，能夠理解到與傳達者相同想法的，老實說真的極少。希望各位牢牢記住，尤其當一個人從事同一工作或在同一個產業的時間越長，他所擁有的經驗或思維反而越容易偏頗，更不容易在觀察事實後導出可以經得起 Why So?驗證的 So What?。

當然，沒人想過的獨特點子確實會引起注意，而且具有獨創性。但是，獨特點子的背後伴隨的是龐大的風險與成本，而且對方是否真能贊同獨特的點子還是另一回事，重要的是，如何將乍看之下是不錯的點子，可以邏輯一致地說明到讓對方理解，也就是能夠回答對方的 Why So?質問。這時，如果 Why So?的回答是「這終究是我個人的想法」，或是有「假設是這樣的情形」等等前提條件，相信世界上八成以上

的人憑常識都不會贊同，這是無法說服人的。

　　優秀的溝通是指能將沒有人想過的嶄新點子，說明到讓所有人都能理解。那通常是基於正確的觀察型 So What?/Why So?，以新的 MECE 概念綜觀整體概念，並進行洞察型 So What?/Why So? 之後，才能達到的境界。

重點練習

1. 加強「觀察」型So What?/Why So?

接下來練習如何正確進行「觀察」型So What?/Why So?。關於「觀察」型So What?/Why So?的思考方式與解答例，可參考本章例題1的解說，並試著解答以下問題。

問題1

以下是對一家企圖重整的綜合超市之高階主管的專訪，請閱讀之後針對渡邊先生的論點進行So What?練習。

專訪西友社長渡邊紀柾

西友經營的領域之一已經開始被專賣店、大型專賣店、折扣商店所侵蝕。綜合超市原本是以特價商品一次購足的特色吸引顧客，但現在我們已經失去價格低廉、商品齊全、並提供某種生活模式的競爭力了。必須突破只是備齊一般商品的形象，要針對食品類與非食品類的強項加強推展，才能奪回競爭力。

首先，綜合超市必須擁有自行開發的專賣店。西友經營的週日木匠相關賣場稱做DAIK，已在購物中心開設專賣店。這是一個例子，服飾品等也可以比照同樣的方式推展。自己公司力有未逮的領域，只要與西友集團的專賣店、Saison集團（譯者注：與西友原同屬西武集團）的專賣店或是沒有

資本關係的專賣店合作即可。

　　另外，減少公休日，或是將營業時間延長到深夜，都是可以擴大業績的方法。特別是西友從1999年12月開始，實施了部分營業時間延長策略，延長營業的店面營業額都已看得出成長。車站前或巴士站裡的73家店營業到晚間9～11點，因為有許多顧客來不及在那個時間之前就結束購物。

　　購買酒、小菜、熟食、便當等，類似便利商店的功能也值得注意。西友與便利商店相比，有更多生鮮食品，種類更多樣化，所以具差異性。有些地區晚餐後來購買電器產品或服飾的顧客很多，有些非食品的店面營業額也成長不少。營業時間的延長使西友超市更茁壯。

出處：轉載自《日經Business》2000年5月8日，p.35

提示1 觀察型So What?首先要做的就是確認主題（問題）。在這個例子中，應該以什麼為主題進行So What?呢？

提示2 So What?不是只要簡短就好。如果主題有多個論點的話，只要將那些論點進行摘要就可以了。

問題2

　　在威士忌市場上，可分成由製造商供貨給零售店，再賣到最終消費者手上的「家用市場」；以及製造商供貨給餐廳或酒吧等，以提供在店內消費的「商用市場」。下圖是針對兩個市場，比較顧客購買威士忌時指定品牌的比率。請針對這個威士忌市場特色，提出觀察型So What?。

　　另外，品牌指定率並不是某品牌被指定的比率，而是會去指定品牌購買的顧客的比率，所以圖中並未顯示各品牌的市場規模。

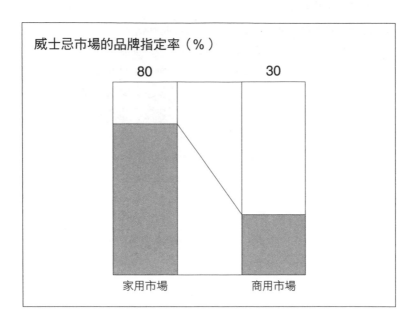

　　威士忌市場的品牌指定率（％）

　　　　　80　　　　　　　30

　　　　家用市場　　　　　　商用市場

提示1 顧客會指定品牌就表示顧客有特別的喜好，這應該每個人都同意吧。

提示2 ①相較於家用市場，商用市場更具自由因而更具吸引力。

　　②本公司在家用市場深獲顧客好評。

　　③本公司應主攻商用市場。

　　以上全部不正確。試著對①與②問 Why So?，看看是否真的可以得出這樣的結論。至於③，問 So What?時主題本身就設定錯了。請再次確認。

問題3 ——————————————————————————

　　下圖是對1萬名觀光客針對國內觀光地區調查「想去的程度」與「實際去過的感想」，取各地的平均值畫成圖表。橫軸為走訪意願（想去的程度）指數，縱軸為評價（實際去過的感想）指數。

　　請依此圖對國內觀光地區的評價進行觀察型 So What?/Why So?。

　提示1　為了要從該圖中以 So What?萃取出可得知的資料，將該圖以 MECE 切開成幾個象限是很有效的方法。切好 MECE 的象限（分類）後，為各象限命名。具體的做法是以走訪意願與評價這兩軸來定義各象限的特徵。

　提示2　觀察同一象限內的幾個觀光地區，是否具有什麼共同特徵。

　提示3　對於「札幌的走訪意願很高，但是實際去過的評價是比預期稍差」的評價，設定問題為「札幌的定位究竟為何」就是正確的觀察型 So What?。但是，由於這個問題完全沒有

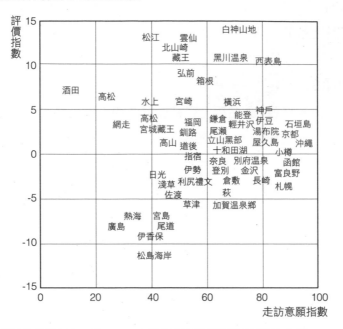

觀光客對觀光地區的意願

資料的處理方法：以10,000名觀光客為對象進行以下調查分析

- 評價指數：對於國內觀光地區，實際去過之後覺得「比預期還要好」的為 15，「符合預期」為 0，「比預期差很多」為-15，讓觀光客評分，並將其平均值畫成圖表。
- 走訪意願指數：對於國內觀光地，以「一定要去」為 100，「想去看看」為 60，「不是很想去」為 40，「不想去」為 0 進行評分，並將其平均值畫成圖表。

出處：（財）日本交通交社《旅行者動向2000》經筆者加工。

顧及其他觀光地區的資訊，所以就這個圖整體而言，並不算是有意義的觀察型 So What?。

提示4 請以Why So?進行驗證。例如「溫泉地區的走訪意願很高，也得到大致符合預期（±5以內）的評價」就不能算是正確的So What?，因為伊香保或熱海也是溫泉地區，但是走訪意願與評價都很低。

2. 錯誤的「觀察」型So What?/Why So?

如果資料整理得很不錯的話，即使觀察型So What?並不正確，也很可能無法察覺。而是否能揪出錯誤的So What?，關鍵就在於Why So?的敏銳度。

問題1

下圖的文章A是針對圖B進行觀察型So What?的結果，請問你認為A的So What?是否正確？若不正確，請修正成正確的觀察型So What?。

提示1 要做出正確的觀察型So What?就必須注意圖B顯示的是商業系統，請確認什麼是商業系統（參照第81頁）。而文章A只不過描述出圖B的外觀輪廓而已。

提示2 並不是簡短就好，你所想的So What?能不能使圖中豐富的資訊讓別人有清楚的概念？

請確認 你是不是從該So What?的資料中只選取自己重視的一部分進行So What?呢？如果是不需要的資訊，根本就不會被提出來，進行So What?時千萬不要遺漏重要的資料。

A　為了促銷淡口味肉醬，舉辦了新商品發表、健康減肥、期末加量等3項促銷活動。

B　淡口味肉醬的促銷活動

	新商品發表的宣傳活動	健康減肥的宣傳活動	期末加量的宣傳活動
目的	提升新商品知名度	確立健康減肥食品的品牌形象	達成本期的目標營業額
促銷場地	• 以超市及便利商店為主 • 其他通路也進	• 放置在便利商店的減肥食品架上	• 超市 • 折扣商店
內容	• 贈送吉祥物商品 • 播放電視廣告	• 在店頭舉辦減肥食譜美食秀 • 贈送體脂肪計	• 3包500日圓成套銷售 • 加量不加價大特賣
業績	營業額：15億日圓 利潤：1.5億日圓	20億日圓 3億日圓	45億日圓 2.25億日圓
附註		• 原本預計進行到9月底，但8月中旬緊急中止。	• 為填補上期實際業績與目標的差異，8月中旬起由業務部強行主導。

上期目標
營業額：100
利潤：10

單位：億日圓

本期目標
營業額：80
利潤：6.7

單位：億日圓

問題2

　　下圖的文章A是針對圖B進行觀察型So What?的結果，請問你認為A的So What?是否正確。若不正確，請修正成正確的觀察型So What?。

　提示1 你所想的So What?是否能讓人對圖表中消費者的兩項變化有具體概念？

　提示2 如果你認為「消費者的義大利麵醬喜好口味變得多樣化」，那麼你要如何回答Why So?。因為義大利麵醬口味的種類增加為3倍嗎？但是如果1988年的柱狀圖的「其他」一欄中有20種口味呢？

　請確認 當要對某種動向，例如「變化」「演變」「轉型」的情形進行So What?時，如果不講明「從什麼變成什麼」、「如何」轉變的話，就等於什麼也沒說。只說「市場改變了」的So What?幾乎是毫無意義。

A 最近13年來消費者對義大利麵醬的喜好口味或
購買原因轉變很大。

B 義大利麵醬的消費者變化 　（%；N=100人；可複選）

Q1.「你喜歡的義大利麵醬口味是什麼？」

1988年調查結果 　　　　　　　　1998年調查結果

	1988			1998
肉醬	60		和風	35
拿坡里	50		青醬	30
其他	10		蛤蠣	25
			奶油培根	20
			肉醬	15
			拿坡里	5

Q2.「買義大利麵醬時，你會注重商品的哪一點？」

1988年調查結果 　　　　　　　　1998年調查結果

	1988			1998
價格便宜	35		口味道地	50
製造商	30		無添加物，食材佳	40
味道好	25		口感豐富	35
包裝好	20		新奇性	25
無添加物（安全性）	15		價格便宜	20
其他	5		其他	5

問題3

　　下圖的文章A是針對圖B進行觀察型So What?的結果，請問你認為A的So What?是否正確？若不正確，請修正成正確的觀察型So What?。

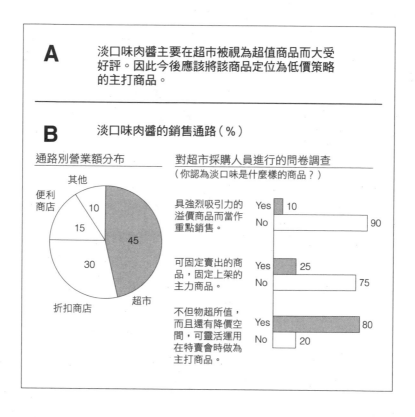

A 淡口味肉醬主要在超市被視為超值商品而大受好評。因此今後應該將該商品定位為低價策略的主打商品。

B 淡口味肉醬的銷售通路（％）

通路別營業額分布

其他
便利商店 10
15
45
30
折扣商店 超市

對超市採購人員進行的問卷調查
（你認為淡口味是什麼樣的商品？）

具強烈吸引力的溢價商品而當作重點銷售。　Yes 10　No 90

可固定賣出的商品，固定上架的主力商品。　Yes 25　No 75

不但物超所值，而且還有降價空間，可靈活運用在特賣會時做為主打商品。　Yes 80　No 20

提示 如果你覺得好像有問題，卻不知道錯在哪裡的話，請反覆進行Why So?。這個說法真的正確嗎？無法以Why So?驗證的說法就不是正確的So What?。

3. 加強「洞察」型So What?/Why So?

請參考本章例題2所示的「洞察」型So What?/Why So?的思考方式與解答，並試著解答以下問題。

例題

「觀察」型So What?的問題3，也就是關於觀光客對觀光地區的意願問題，這次換成進行「洞察」型So What?。

假設你是旅遊振興協會國內觀光振興課的課長。請針對

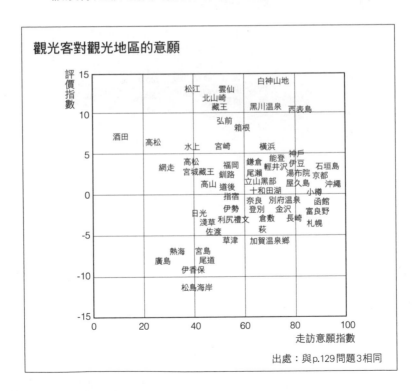

觀光客對觀光地區的意願

出處：與p.129問題3相同

「為了吸引更多觀光客來觀光,應該要採取什麼樣的措施」的問題,進行「洞察」型So What?。這裡所謂的觀光地區並不是指特定的場地,而是泛指觀光區。請參考「觀察」型So What?作答,並一定要以Why So?進行驗證。

◆思考方式與解答例

步驟1:確認觀察型So What?/Why So?

首先確認觀察型So What?。舉一個觀察型So What?的例子,以走訪意願指數60(想去看看)與評價指數5(去了之後比預期好)在縱軸與橫軸上拉線,做成如下圖的4個象限。

①想去看看,而且去了之後發現比預期好的觀光地區——並不算是很有名的觀光地區,但是自然風景優美,是一年四季都適合遊覽的地方。

②想去看看,去了之後與預期差不多的觀光地區——都是人人都知道的地方。從古都到最近很熱門的觀光景點都包含在內,種類繁多。

③不是特別想去,去了也覺得不怎麼樣的觀光地區——日本三景之類的傳統觀光地區。

④不是特別想去,但是去了之後發現比預期好的觀光地區——沒沒無聞的觀光地區,除了觀光景點之外沒有特別醒目的特徵。

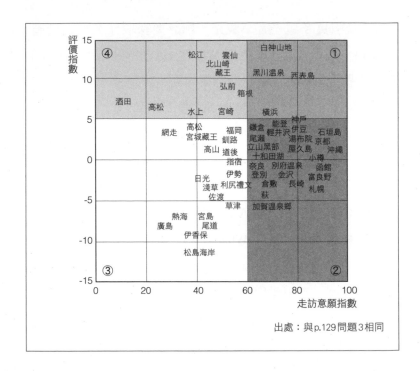

出處：與p.129問題3相同

步驟2：針對問題思考「洞察」型So What?/Why So?

問題是「為了吸引更多觀光客來觀光，應該要採取什麼樣的措施」。為了向最理想的象限①靠攏，依各觀光地區在4個象限中的位置不同，所應採取的行動也不同。

先思考屬於象限②的觀光地區，②是「想去看看，去了之後與預期差不多」的類別，照目前的狀況恐怕很少人會去重遊。如果將風評提高，又怕會拉低「想去看看」的走訪意願。因此重點要放在提高觀光客來訪時的滿意度。思考達到這個目的的方法時，可以參考屬於「去了之後發現比預期好」

這一類的觀光地區，也就是找出①與④的特徵或共通點，或者調查與想改進的觀光地區的風土民情有共通點的地方的做法，供作參考。例如，可以想到以下4點：

- 找出存在於那個地區不為人知的優美自然風景。
- 找出存在於那個地區不為人知的優美建築物等人為風景。
- 製造那個地區目前沒有而能提高滿意度的自然風景。
- 製造那個地區目前沒有而能提高滿意度的建築物（硬體），能吸引人的活動或食材、料理（軟體）。

那麼，請以這樣的方式開始假設，現在屬於③和④的觀光地區應該採取什麼樣的措施比較好呢？

問題

針對「觀察」型So What?的本章重點練習問題2的圖「威士忌市場的品牌指定率」，這次進行「洞察」型So What?的練習。

假設你是洋酒製造商的業務部長。從該圖中可以推導出什麼能使公司威士忌業績大幅成長的做法？請以這個問題進行洞察型So What?。請參考「觀察」型So What?，並一定要以Why So?進行驗證。

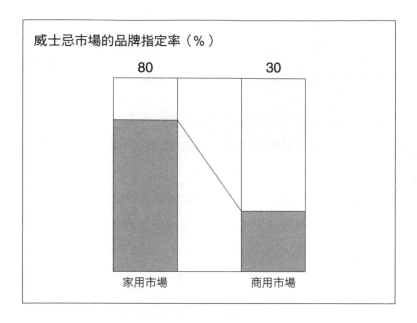

威士忌市場的品牌指定率（％）

提示 這裡並不能得知家用市場與商用市場的市場規模。而且也不知道公司在兩個市場的業績額。因此，如果問類似「應該攻佔哪一個市場」這種 So What?問題的話，將無法以 Why So?達成驗證。

建構邏輯的技術

就如本書前言中所說的，在日本的企業界，邏輯／溝通好不容易才剛開始起步。現在已經有很多人以溝通為主業，筆者自認為是邏輯／溝通領域的箇中好手，很高興看到這樣的發展。

但是很可惜，很多人缺乏建構邏輯思考的工具，只憑感覺和經驗而不斷地在嘗試錯誤中摸索。的確，在自己所熟知的領域或老練的工作上，憑感覺和經驗進行嘗試錯誤的方法也許還過得去。但是全新的或是較不熟悉的領域，或者變化比較大，以往的想法未必能通用的領域，如果沒有建構體系的工具，恐怕很難建構起邏輯思考。

那麼，說話或寫文章時，若要能有邏輯地建構內容，需要什麼樣的工具？在第 2 篇介紹的 MECE、So What?/Why So?就是有用的工具。

在第 3 篇將介紹，以 MECE 和 So What?/Why So?整理過的用於溝通的「零件」，來建構「邏輯」的工具，以及善用該工具的要訣。

第5章

運用 So What?/Why So?
與 MECE 製作「邏輯」

一、什麼是邏輯？

在第1篇裡，我們介紹了邏輯溝通需要先準備好對方與自己之間所設定「問題（主題）」的「答案」，而且「答案」的要素包含結論、根據與方法。接在第1篇之後，我們在第2篇介紹了 MECE（避免重複、遺漏、離題）與 So What?/Why So?（避免內容不連貫）的技術，做為從各種資訊當中整理出回答問題的正確「結論」或「根據」的方法，或是用以整理出結論是某種行動時的「方法」。

如果可以毫無遺漏或重複，也沒有不連貫地整理出了結論、根據、方法，就算是備齊了溝通的「零件」。但是要將這些「零件」傳達給溝通的對象，讓對方對於結論點頭說「原來如此，我懂了」，還需要下一番苦心。以車子或音響為例，無論各別的零件製造得多好，如果不能將零件組裝成一個產品，發揮整個系統的功能，一般消費者也無法感受到零

件的好。溝通也是一樣的道理。

　　如果將所謂結論、根據、方法的「零件」散散亂亂地直接交給溝通對象的話，對方很難看出零件之間的關係。只會造成對方會一直想So What?（究竟是怎麼一回事）、Why So?（為什麼這麼說）、真的符合MECE（沒有重複、遺漏、離題）嗎？而遲遲無法到達「原來如此，我懂了」的狀態。而且，如果對方原本就對你所想傳達的內容沒興趣或不在乎的話，就更無法期待對方會去掌握「零件」之間的關係，並且去了解你想傳達的整體內容了。恐怕對方根本從一開始就已經放棄理解了。

　　為了避免以上事情，將所謂結論、根據、方法的「零件」組成一個「邏輯」的結構，向對方顯示出各個零件之間的關係——「建構邏輯」是不可或缺的。

　　那麼，邏輯又是什麼呢？邏輯聽起來好像很難，其實非常簡單，只是將結論與根據，或結論與方法，以縱向／橫向兩種法則，把關係串聯起來的一種結構罷了。本書對於邏輯的定義如下：

所謂邏輯，就是將結論與根據，或結論與方法的多個要素，以結論為頂點，縱向以So What?/Why So?的關係形成階層，橫向以MECE關係連接。

　　第4章有關於So What?/Why So?的詳細說明，第3章有關於MECE的詳細說明，在此再簡單整理其中的重點。

◆縱向法則：So What?/Why So?

　　So What?指對照到主題（問題），從一個或多個要素（資料或資訊，或自己的想法）整體當中抽取出可以得知的事情。同時，對於So What?的內容自問自答「為什麼可以這麼說？」，也就是問Why So?時，原來的多個要素整體必須能夠回答（證明）。

　　重要的是「整體」兩字。也就是說，不要只考慮部分的要素，那樣將無法成立So What?。而且必須要添加目前所有要素以外的資訊或資料的，也不能成為So What?。確認以上條件就是Why So?要做的事。

　　另外，So What?/Why So?有以下兩種類型。

觀察型So What?/Why So?

　　摘要資料或資訊所傳達的意涵，同時驗證這樣的摘要是否正確。觀察的對象如果是事實，So What?的結果就是事實的摘要，對象如果是行動，So What?的結果就是行動的摘要。

洞察型So What?/Why So?

　　將資料或資訊進行觀察型So What?/Why So?之後，對照主題抽取出與原來資料或資訊性質相異的要素，同時驗證這樣的要素抽取是否正確。例如從多個成功企業的動向（事實）

推導出業界致勝的模式（規則、法則），這種判斷或假設就算是洞察型 So What?。或是從眼睛看得見的業務上的問題點（事實），建立關於引起那些問題的根本原因的假設，也屬於洞察型 So What?的例子。

◆橫向法則：MECE

將某個事情或概念當作母集合進行思考，分成互不重複且全無遺漏的子集合，將整體以子集合的集合體方式進行掌握的技術，就是MECE。例如，如果要整理「自己公司現狀」的檢討結果，要以「自己公司現狀」為母集合，並找出某個觀點——稱為「切入點」，可以統整構成公司現狀的各種要素而不會有重複或遺漏。

重點並不在於以MECE進行整理這件事本身，而是當你將「問題」的最終答案傳達給溝通對象時，從對方立場來看，你的答案既無重複也無遺漏，並且以適合該問題（主題）的切入點整理得很清楚，這才是最重要的。

◆邏輯的基本結構

具體而言，邏輯的基本結構是什麼樣的結構呢？將它的概念顯示出來就如圖5-1。由圖5-1可看出，所謂邏輯是以結論為頂點，並與導致結論的根據或實現結論的方法組織而成

圖5-1　邏輯的基本結構

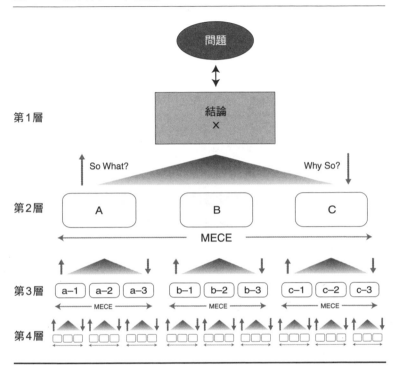

的一個結構。然後，包含結論在內的這個結構內的所有要素，必須滿足以下3個要件：

- 要件1：結論就是問題（主題）的「答案」。
- 要件2：縱向以結論為頂點，形成So What?/Why So? 關係。
- 要件3：橫向的同一層內的多個要素皆符合MECE關係。

例如，你收到來自上司的命令：「我想要知道客戶莉麗化妝品的現狀，我已經有業績方面的數據了，但我還不知道他們各事業的實際狀況，所以希望妳調查以後報告給我。」於是你蒐集了莉麗化妝品各事業的相關資訊，針對上司給的問題做出結論，並且備齊了可支持結論的根據等「零件」。那麼，接下來你該怎麼做呢？

聰明的你一定不會在這時候就想說「完成了」，然後就開始與上司開會或製作報告，而是將結論與根據好好地組織成「邏輯」。這時，就必須滿足前述的3個要件。請將圖5-1的基本結構與圖5-2的莉麗化妝品的現狀說明圖對照，來看邏輯結構的3個要件。

要件1：結論是否是針對問題（主題）的「答案」

究竟為什麼要建構邏輯呢？理所當然，是為了要傳達設定在溝通對象與自己之間的問題的答案，讓對方贊同自己的結論，並做出自己所期待的反應。為了達成這個溝通的目的，身為「答案」核心的結論，必須是「問題（主題）的答案的摘要」。

要建構邏輯時，首先要確認應該位於邏輯結構頂點的結論，是否符合問題（主題）。很多傳達者在寫報告或準備發表會時，本來應該是「事業X的現狀如何」的問題，在不知不覺間卻跑出「事業X有銷售部門與開發部門之間溝通不足的問題，需要對此檢討與加強」的結論。這個結論與原本的

問題「事業X的現狀如何」根本是牛頭不對馬嘴。

　　本書第1章已經詳細介紹過，結論不是針對你想說的話做摘要。結論如果不是針對與對方之間設定的問題（主題）做回答，無論以結論為頂點的邏輯結構多麼正確，從對方的角度所看到的邏輯也只是「答非所問」，毫無意義。所以，首先要確認結論是否是針對問題（主題）的答案。

　　那麼，我們來確認圖5-2的莉麗化妝品的案例是否滿足要件1。問題是「莉麗化妝品各事業部的現狀如何」，因此結論必須針對莉麗化妝品各事業的「狀況」進行說明。於是，我們可以看到圖5-2中的結論是「主力事業——化妝品事業正在衰退中，以及健康食品事業、寶石飾品事業處境也很嚴苛」，確實是針對「狀況」進行說明，所以這樣的內容確實是針對先前設定的問題所做的回答。

　　假設結論是類似「各事業都應該努力開拓新的通路商」，或是「為了改善獲利，應該強化組織」之類的話，當然就沒有回答到問題。問題問的是「狀況」，答案卻是「行動」，所以是答非所問。

　　又，如果你拿到的問題是「本公司是否應該加入A這個新領域」的話，你回答的結論就應該是「要加入」或「不加入」。當對方期待得到「要加入」或「不加入」的回答時，卻收到「看到消費者興趣缺缺的態度，現在設定的加入條件要再檢討」的結論，對方恐怕會想「那根本沒回答到問題」。

圖5-2　莉麗化妝品案例

問題　莉麗化妝品的各事業現狀如何？

結論　莉麗化妝品的主力事業——化妝品事業正在衰退中，以及健康食品事業、寶石飾品事業處境也很嚴苛。

So What?

主力化妝品事業
都會／地方市場都無法發揮拜訪銷售的優點，狀況很差。

健康食品事業
市場難以成長，且競爭激烈，自家的銷售又問題頻傳，處境相當危急。

← MECE →

都會
由於婦女就業率高，拜訪與業績不成正比。已進行店頭低價促銷，但仍只能在量販店的強勢壓力下掙扎。

地方
市場已經被產品種類多且低價的通訊媒體商搶走。

市場
長期不景氣導致市場規模難以成長，且市場整體結構已陷入價格競爭，難有利潤。

競爭對手
基於安全顧慮，受到消費者信賴的食品業者，具有壓倒性優勢。

自己公司
商品說明與藥品法牴觸而問題頻傳，產生了龐大的問題處理成本。

← MECE →　　← MECE →

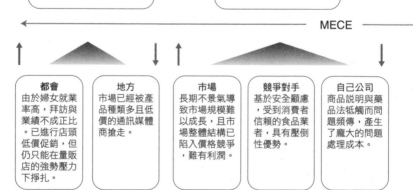

Why So? ↓

寶石飾品事業
市場的商品、價格、促
銷方法、通路商各方面
都有難題待解決。

商品
將補貨的工作
全部委由製造
商，因而失去
掌控權，製造
商只將補貨當
成處理庫存的
管道。

價格
寶石飾品整體
朝低價化走，
一直給人物超
所值的印象。

促銷方法
為了提高營業
額，多次舉辦
降價促銷，結
果造成用定價
賣不出去。

通路商
銷售寶石飾品
的技巧不足，
對商品的介紹
無法說服顧
客。

← MECE →

你在公司內的會議或與客戶談判時，或者身為一個消費者，恐怕都不止一次兩次遇到這種答非所問、溝通失焦的情形，而感到煩躁吧。現在請確認你的結論做為針對你與溝通對象之間問題（主題）的答案，是很適當的答案，這是做出正確邏輯結構的第一要件。

要件2：縱向以結論為頂點形成So What?/Why So?關係

正確邏輯結構的第2項要件是以結論為頂點，將根據或方法等多個要素在縱向以So What?/Why So?的關係排列。

首先，請參照圖5-1。結論X正下方的要素A、B、C的內容就是「根據」，或如果結論是某種行動的時候，就是該如何做才能實現結論的「方法」。結論X與根據（或方法）A、B、C的關係是：A、B、C這3項是針對結論問「Why So?」的答案。也就是說，將結論提供給溝通對象，而如果對方問「為什麼可以這麼說」的話，A、B、C這3項要素就是答案。或者當結論是行動的時候，當對方問「為什麼可以得到這個結論」時的答案就是A、B、C這3項，也就是回答「具體來說就是要做○○○」，或是「以△△△的方式進行」。

這也就是為什麼當傳達者說明「我的結論是X，因為A、B、C」時，對對方而言，可以毫無困難很自然地贊同以「因為」來連結前後。同時，也必須存在以下關係，那就是以A、B、C這3項要素為基礎，質問So What?（歸納起來

結論究竟是什麼）時，結論必須是「X」。

在第2層以下的要素之間，也一樣必須是So What?/Why So?的關係。對要素A問Why So?時，其正下方的要素a-1、a-2、a-3必須為答案。同時，當對a-1、a-2、a-3問So What?時，答案就是A。

以下用莉麗化妝品的例子（圖5-2），來確認So What?/Why So?的關係。圖5-2是將實際案例套進圖5-1的邏輯基本結構，構成了結論及其根據的邏輯結構。但傳達「主力事業——化妝品事業正在衰退中，以及健康食品事業、寶石飾品事業處境也很嚴苛」的結論給對方，而當對方問Why So?（為什麼可以這麼說），也就是要提出「因為……」的根據時，那就是結論正下方第2層以「化妝品事業」、「健康食品事業」、「寶石飾品事業」等3個事業類別所述的內容。相反地，針對第2層的3個事業的狀況問So What?時，答案就是結論。

而且，對於第2層的根據問「依各個事業別來看，具體來說為什麼是這樣的狀況呢？（Why So?）」時，成為其答案的根據就在第3層。例如，以化妝品事業為例，第3層以「都會」和「地方」的切入點舉出2個根據，具體說明在化妝品事業，使用拜訪銷售已經不合時宜等等。對第3層的2個根據問So What?的話，答案就是第2層的根據。在健康食品事業與寶石飾品事業當中也存在相同的關係。

像這樣，正確的邏輯結構必須以結論為頂點，縱向地從

上而下成立Why So?關係，而從下而上成立So What?關係。
縱向由So What?/Why So?法則貫穿，所以說明「結論是X，
因為A、B、C」時，可以很自然地以「因為」做連接詞，
順利地把結論與根據，或結論與方法連接起來。So What?/
Why So?在第4章有詳細的說明，請先復習。

要件3：橫向同一階層內的多個要素皆符合MECE關係

　　正確的邏輯結構中，位於同一層內的多個要素，橫向必
須互為MECE關係。圖5-1第2層的要素A、B、C就符合
MECE，不但導出問題的結論，還將各要素毫無重複、遺漏
、離題地集合起來。在第3層也是一樣，a-1、a-2、a-3的3
項要素，b-1、b-2、b-3的3項要素，c-1、c-2、c-3的3項
要素，與A、B、C之間各各都是毫無重複、遺漏、離題的
關係。MECE在第3章有詳細說明，請先復習。

　　那麼，我們再回到莉麗化妝品的例子（圖5-2）進行確
認。現在問題是「莉麗化妝品各事業的現狀如何」，我們要
針對這個問題的答案做成邏輯結構。因此，在直接支持結論
的第2層，排列出莉麗化妝品所從事的所有事業，也就是依
化妝品事業、健康食品事業、寶石飾品事業的事業別，排列
出各項根據。如果莉麗化妝品在這3項事業之外還有服飾事
業的話，圖5-2的邏輯以及結論就有錯誤，根據的部分也因
為有遺漏而不符合MECE。第2層中必須要有說明服飾事業
的要素做為根據。

而且，排在圖5-2第3層的各項根據之間，也一樣要形成MECE關係。關於化妝品事業，是以都會與地方兩個市場來整理各項根據，那麼為什麼說這樣的整理符合MECE呢？因為展開化妝品的市場（國內）大致可分為都會區和鄉鎮地方。雖然兩邊的市場狀況同樣都屬於無法發揮拜訪銷售的優點，但是仔細觀察更深入的狀況，就會發現都會與地方的不同，而由第3層的根據說明兩者的差異。

健康食品事業是用市場（Customer）、競爭對手（Competitor）、自己公司（Company）這3個骨架整理各項根據，以說明現在的窘況。

而寶石飾品事業是用商品（Product）、價格（Price）、促銷（Promotion）、銷售通路（Place）這4P做為骨架，從4個角度統整各項根據，以說明寶石飾品事業行銷上的問題。

但是要以MECE說明某個事業的現狀，就像莉麗化妝品的例子，總會想多用幾個切入點，但重要的是思考用什麼樣的切入點，才能將事業的特徵或問題清楚地傳達給對方。例如像是：

- 根據1： X公司的研發機能如何
- 根據2： X公司的製造機能如何
- 根據3： X公司的業務機能如何

以上將X公司依事業機能別來建立根據。假設X公司是屬於傳統製造業以外的業種，例如保險業、或零售業等，當

然，掌握事業機能的方式也必須有所不同。總而言之，位於同一層內的各要素間，必須是上一層Why So?的答案，同時彼此間屬於MECE關係。

我們再看看別的例子，來了解位於同一層的多個要素間互為MECE關係。例如針對「前來申請融資的法人客戶X公司，事業現狀如何」的問題，製作其答案的邏輯結構。這時如果選擇以下的切入點來分析支持結論的根據，你覺得如何？

- 根據1：對X公司而言，市場狀況如何
- 根據2：X公司的目標客戶層有什麼變化
- 根據3：X公司的業務銷售能力如何

這並不能構成符合MECE的根據。首先，根據1的市場與根據2的客戶，有很多重疊的情形。而且，銷售能力屬於公司事業機能的一部分，如果舉出X公司業務銷售能力做為根據的話，很多人可能會想問其他像製造或研發機能，或是銷售當中的銷售管理能力是否遺漏了呢？況且市場（根據1）、顧客（根據2）、銷售力（根據3）的3個切入點也無法做出母集合，而且有偏離的部分。如果想利用根據1和根據2，就應該加上競爭對手還有公司銷售能力以外的要素做為根據，使用3C的一整套來分析才是。如果想要利用根據3，則應該加上其他事業機能，以商業系統的各個階段做為根據。而現在所舉出的3個根據，只不過列出3個看起來重要的根

據，對於邏輯一致地說明結論好讓對方恍然大悟的目標，絲
毫沒有幫助。

二、邏輯越緊實輕巧越好

當你讀到這裡，試著想像實際去建構邏輯時，可能會有如下的疑問：

「縱向的階層該做到什麼程度呢？」
「橫向應該分成幾個要素呢？」

關於這些問題，只要想想「建構邏輯的目的是什麼」，自然就會知道答案了。不用說，答案是為了讓溝通對象贊同你的結論，並照你所期待的去行動。因此，只要建構足以讓對方理解並贊同你所需的剛剛好的邏輯就夠了。

如果你將手邊眾多的資訊全部丟進去建構一個龐大的邏輯結構，那是沒有意義的。緊實輕巧的邏輯結構，只要可以說服對方，對於對方而言，需要理解的資訊量又少，真是再好不過了。基於這個想法，試著思考剛才的兩個問題。

◆縱向的階層該做到什麼程度呢？

希望你以下述方式思考。也就是當你將結論傳達給對方時，依照對方問 Why So?（為什麼可以這麼說？）時問到什麼程度，去找出回答問題時的根據或方法所需的程度。

　　以圖5-2的莉麗化妝品的例子來看，為了使對方贊同「主力事業──化妝品事業正在衰退中，以及健康食品事業、寶石飾品事業處境也很嚴苛」的結論，想知道應該說明到第2層，讓對方對各個事業有全盤概念就好？還是該傳達到第3層，更詳細地說明各事業的內容？這就要考慮上司的要求是「報告莉麗化妝品的現狀」，那當然應該要說明到第3層的根據為止。

　　或者，再舉一個例子。假設你的公司正在推動「提振生產力運動」，全公司都要進行。而你身為推動企畫案的一員，與其他組員針對該活動應如何進行，討論出許多意見，好不容易將內容統整完畢，接著展開向全公司溝通的第一步，就是向各分公司社長、業務部長、總公司各部門首長說明「為什麼需要提振生產力」的整體概念，讓長官們能將該活動貫徹推行到各部門。雖然說全公司都要進行這項活動，其實主要的推動目標是針對分公司業務部的業務人員，希望他們在第一線產出更高的業績。而分公司的社長、業務部長當中有人發覺這點，而有不少人提出質疑說：「為什麼每次都要強迫業務員背負這種重任？」、「我們究竟該怎麼對第一線人員說明這次的活動才好？」

　　為了在這樣的氣氛中，讓分公司社長、業務部長了解「現在為什麼主要針對業務部需要提振生產力」，就需要準備足夠階層的根據，以回答分公司社長、業務部長的 Why So? 問題。相反地，對於屬於側面支持立場的總公司的部門首長

，不需要說明到業務細部的相關根據，應該就足夠了。

也就是說，向對方提出結論的時候，要先設想對方會問到什麼程度的 Why So?問題，而準備剛好足以回答 Why So?問題階層的根據或方法就好。

時常會聽到有人抱怨：「我們公司裡報告總是太長，好像只是想告訴別人我們整理出這麼多內容，所有的東西都放進報告裡，結果搞不清楚到底要傳達什麼。」的確可以了解那種「想將自己費心得到的成果全部放進報告裡」的心情。但是，如果要進行一場令對方容易了解的溝通，就必須只取剛好回答對方 Why So?問題階層的要素就好，如果放進過多的階層，對方會覺得太冗長，所以必須要有魄力刪除掉不需要的部分。

當然也有人會說，不知道對方會問到什麼程度的 Why So?問題。這種情形，通常是對方對你的溝通不太有興趣，或了解程度還太低。這時候你就不要太貪心，只要想著自己身為一位傳達者，一開始希望對方理解到什麼程度，從這個角度去判斷要取幾個階層即可。

◆橫向應該分成幾個要素呢？

那麼，橫向要分解成幾個要素比較好？雖然圖5-1的邏輯結構中，在第2層、第3層、第4層中，橫向都是分解成3項，但這不是絕對的。例如圖5-2的莉麗化妝品例子的第3層

中，化妝品事業分成2項、健康食品事業分為3項、寶石飾品事業分為4項。但是邏輯結構的同一層裡列出的要素，不要超過4個或5個比較好。

因為以MECE分解的終極目的不在於整理或分解得很細，而是要將眾多的根據或方法毫無重複、遺漏、離題地進行分類，將容易理解的整體概念呈現給溝通對象。

例如，比較圖5-3與圖5-4的說明。圖5-3中對於「貓食市場在各方面都有了很大的變化」的結論，說明「因為市場規模……，市場上的商品種類……，養貓的家戶數……，飼主每一人的貓食購買金額……，愛貓人士對於寵物貓的健康觀念是……，最近受歡迎的貓種特徵為……，暢銷的商品種類為……」共7項根據。 你聽到這樣的說明有什麼感想呢？即使這7項根據對於思考貓食市場而言，符合毫無重複、遺漏、離題的MECE要素，但是由於你缺乏傳達者的基本知識，所以別人能聽進去的，大概只有原本就有興趣的部分，或剛好印象比較深刻的部分而已。

相對地，如圖5-4的方式，將7個根據以質與量的MECE切入點分類，從2個觀點來說明的話，效果是不是不一樣？例如將7個根據分成量的群組與質的群組，針對各個群組問So What?，就可以整理成例如「從量的方面來看，貓食市場是寵物食品市場當中唯一持續成長的市場，而且飼主每一人的貓食購買金額也持續升高」；「從質的方面來看，貓食市場當中，隨著愛貓人士對寵物貓的健康越來越重視，強調高

圖5-3　列舉出7個要素的例子

貓食市場的變化……

首先	然後	還有	加上
市場規模……	市場上的商品種類……	養貓的家戶數……	飼主每一人的貓食購買金額……

再來還有	但是	因此！
愛貓人士對於寵物貓的健康觀念是……	最近受歡迎的貓種特徵為……	暢銷的商品種類為……

機能與注重體型的商品，都變得很暢銷」等等。

　　如此一來，在你聽（或讀）到7項詳細的資料之前，腦中就有質與量的兩個框架，可用以毫無重複、遺漏、離題地整理資料。然後你將7個根據整理好之後，分別放進這2個框架裡，所以能夠更輕易掌握傳達者的論點。

　　如果只是將眾多的根據或方法平行列舉出來，聽到或讀到最後的時候，溝通對象對於第1個要素，已經忘得差不多

圖5-4　將7個要素分類的例子

了。所以為了讓你的結論得到對方贊同，列舉太多個要素絕對是下下之策。目標放在提出4、5個以內的要素，比較容易讓對方了解你的論點。

其實每個人當身為溝通對象時，相信都曾有類似的感受，但是一旦成為溝通者的時候，大部分的人都抱持過度期待，認為對方一定會了解我的。

當你在細分根據或方法，發現分成了7個或8個的時候

，一定要確認，能不能將那7個或8個要素再整理出一層，
找到那個MECE切入點，再次分類。

第6章

熟悉邏輯類型

在第5章理解了基本結構之後，接下來要進入建構邏輯的部分。可能很多讀者會想問：「這套基本結構真的可以適用於所有的情況嗎？」答案是肯定的。但是實際上建構邏輯結構的時候，有2個基本的邏輯類型，可以視情況使用，或結合起來並用。這2個基本的類型就是「並列型」與「解說型」。接著，我們就來看看這2個類型的特徵以及適用的情況。

一、並列型

◆並列型的結構

並列型的邏輯類型，可以說就是基本型。如圖6-1所示，以結論為頂點，支持結論的根據，或者結論是行動時就是方法，縱向以So What?/Why So?（究竟是怎麼回事？為什麼可以這麼說？）的關係形成階層；另一方面，橫向同一層內

圖6-1　並列型

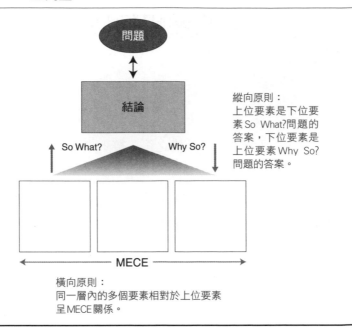

縱向原則：
上位要素是下位要素 So　What?問題的答案，下位要素是上位要素 Why　So?問題的答案。

So What?　　　Why So?

結論

問題

MECE

橫向原則：
同一層內的多個要素相對於上位要素呈MECE關係。

的根據或是方法，彼此以MECE（毫無重複、遺漏、離題）關係形成結構。雖然圖6-1中縱向的階層只有一層，當然也可以有好幾層。另外，橫向也可以並列2個或4個根據。

　　請參考圖6-2與圖6-3所顯示的並列型邏輯結構。也就是說，在基本結構中舉例說明的圖5-2莉麗化妝品的例子，就是屬於並列型。

　　回到圖6-2與圖6-3，該公司是一家消費品廠商，將商品提供給各通路商。該公司不久前在量販店通路商發生了主力商品因通路商方面管理疏失，造成瑕疵品事件，圖6-2與圖

圖6-2　根據的並列型之例

問題

本公司對於量販店通路商的管理疏失，所引發主力商品LX-20產生瑕疵品問題，該如何處理？

結論

本公司顧及此事件對市場、競爭對手、通路商、自己公司的影響，將重新檢討全部通路商的管理機制，謀求全面的安全性。

從市場的觀點	從競爭對手的觀點	從通路商的觀點	從自己公司的觀點
對消費者或社會而言，通路商的管理疏失與本公司產品不良是劃上等號的，恐怕今後不管通路商為何，將招致消費者對本公司商品全面的不信任。	LX-20瑕疵品的產生正好成為競爭對手攻擊的題材，競爭對手很可能乘機奪走本公司的顧客層。	在量販店發生的事件，可能引發其他通路商對本公司商品管理的疑慮，在處理上會變得很消極。	不只是LX-20而已，全部商品的安全性與可信度都是本公司賴以生存的要件。如果只將這次事件當成通路商銷售管理的個別問題來處理，恐怕會對其他通路商或商品造成不良影響。

6-3是意外應變中心針對瑕疵品事件該如何處理，以及具體上應該如何應變的問題進行思考時，所整理出的想法，屬於並列型邏輯結構。

根據的並列

　　這次的問題是「本公司對於量販店通路商的管理疏失，所引發主力商品LX-20產生瑕疵品問題，該如何處理」，而

結論是「本公司顧及此事件對市場、競爭對手、通路商、自己公司的影響，將重新檢討全部通路商的管理機制，謀求全面的安全性」。於是，當被問到為什麼會這樣呢的 Why So?問題時，原因就是「有來自市場、競爭對手、通路商、自己公司四個觀點的根據」。市場（Customer）、競爭對手（Competitor）、自己公司（Company）、通路商（Channel）這4C是一種掌握事業現狀的 MECE 切入點。如前所述，對方可以看到根據毫無重複、遺漏、離題地呈現出來，因而贊同該結論。

而且，從這4個根據整體來看，推導出「由於發生這次瑕疵品事件，可能造成通路商商與客戶背離本公司，而擴大成為全公司的問題」的觀察型 So What?，以這個觀察型 So What?為基礎，再進一步針對問題的答案進行洞察型 So What?就可以得到結論了。

方法的並列

圖6-3的並列型是在圖6-2的結論得到對方贊同之後，針對問題更進一步介紹邏輯結構的例子，用來說明「對應發生瑕疵品事件時，具體而言要如何應變」的答案。結論是「將通路商管理機制的再確認與貫徹全面的安全性，視為本公司與通路商一起進行的活動，建立彼此間的共同機制」的行動。而圖6-3就是用列舉這個行動的具體方法，來說明結論的邏輯結構。

圖6-3　方法的並列型之例

本公司應該如何進行全部
通路商管理機制的再確認
以及貫徹全面的安全性？

結論

將通路商管理機制的再確認與貫徹全
面的安全性，視為本公司與通路商一
起進行的活動，建立彼此間的共同機
制。

全部通路商管理機制 再確認的進行方式	貫徹全面安全性的 進行方式
本公司並非要查察通路商 ，而是以提升品質管理為 目的，與通路商建立共同 企畫，1個月內決定檢查 與改善的策略。	本公司與通路商共同在各 店頭舉辦品質保證促銷活 動，並在報紙或雜誌上聯 合刊登廣告。

在這個例子當中，結論的「一起進行的活動」就變成「
全部通路商管理機制的再確認」與「貫徹全面的安全性」2
項活動。因此，各自針對活動的進行方式加以說明，就是針
對結論準備的MECE切入點。

將結論與方法以並列型建構成邏輯時，列在結論之下的
要素是對結論問 Why So?，也就是問「為什麼可以達到這樣
的結果？」時的答案（具體的方法），而對2個方法問So
What?的答案就是結論，兩者之間形成這種互為答案的關係。

另外，圖6-2與圖6-3都只到邏輯結構的第2層，但是如

果需要對結論更詳細說明，可以在下面以並列型列出更多階層。這時，像圖6-3方法的並列型結構中，越下層的內容越屬於獨立的具體做法。

所以並列型就是針對結論，列出成套符合MECE的根據或方法，結構上很簡單明瞭。

◆使用時的注意事項

根據或方法必須符合MECE

並列型邏輯結構的說服力在於根據或方法是以毫無重複、遺漏、離題的MECE展開而到達結論的。參考圖6-4，結論與圖6-2相同，但是是由市場、消費者、商品、自己公司這4個根據所構成的。仔細一讀，就會發現商品方面的內容當中，有關競爭對手與自己公司兩邊的商品，與自己公司的部分有所重複。相同地，市場觀點的根據與消費者觀點的根據之間的界線不明確，內容也有重複。同時，這裡列出導致結論所需的要素為市場、消費者、商品、自己公司這4項，是不是真的完全沒有遺漏呢？也令人懷疑。缺少了例如「競爭對手的企業如何？」、「銷售通路商如何？」的要素。就算列出這麼多根據，當溝通對象感覺到有重複或遺漏時，就已經不會贊同結論了。

使用邏輯類型的時候，除了導出問題的結論之外，具備寬廣的視野，毫無重複、遺漏、離題地將根據或方法構成

圖6-4　根據的並列型之錯誤例

　問題

本公司對於量販店通路商的管理疏失引發主力商品LX-20產生瑕疵品問題，應如何處理？

結論

本公司顧及此事件對市場、消費者、商品、自己公司的影響，將重新檢討全部通路商的管理機制，謀求全面的安全性。

從市場的觀點	從消費者的觀點	從商品的觀點	從自己公司的觀點
對消費者或社會而言，通路商的管理疏失與本公司產品不良是劃上等號的，恐怕今後不管通路商為何，將招致消費者對本公司商品全面的不信任。	消費者最近發現瑕疵品的事件頻傳，所以對製造商或通路商有強烈的不信任，要求公開資料而且拒買的運動激烈。	競爭對手推出比本公司LX-20更高性能的新系列商品，加上這次的事件影響，本公司商品以LX-20為主的市佔率開始下降。	本公司除了LX-20之外的商品也開始出現市佔率下降的問題，由於這次的事件，很可能造成消費者喪失對本公司的信賴。

◆ - - - - - - - - - - - - - - - - 不符合MECE - - - - - - - - - - - - - - - - ◆

MECE，是很重要的。

要採用可說服對方的MECE切入點

　　一個結論要說服對方，是不是只有一套MECE的構成方式呢？答案是否定的。

　　例如關於「本公司的業務是不是應該採用委外制度」的問題，結論是「應該要採用委外制度」，這樣的例子中，根

據的邏輯結構會是如何呢？請參考圖6-5。

　　狀況A與狀況B都是以2個根據構成MECE的例子。

　　但是，符合MECE的根據並非只有一套。這時候，你要從最能有效地讓對方正確理解你的結論的角度，去選擇那套MECE根據。

　　在這個例子當中，以「如果採用委外制度，不只對於提供該業務的部門有好處，接受該業務服務的部門也可以得到品質與速度的提升等好處」做為訴求，想要說服人的話，應該選擇狀況A。

　　然而，如果對方很重視採用委外制度時的優缺點，尤其是對於缺點很在意，因而不願意採用委外制度的話，就應該用狀況B的結構，可以有效地讓對方知道不採用委外制度的

圖6-5　MECE的根據可以有很多套

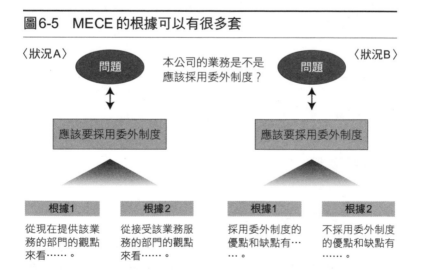

缺點，遠比採用委外制度的缺點要多。

◆適用情況

　　並列型的邏輯結構極為簡單，只要遵守使用上的注意事項，正確地去建構結構，對傳達者而言可說是非常容易了解的結構。尤其在下述情形，特別好用。

- 對方對於問題或主題恐怕沒有充分的理解或太大的興趣，而你希望簡潔地告訴他自己論點的整體概念。
- 進行決定事項的聯絡或確認時，該結論與對方之間沒有討論的空間，而你想將該結論的整體概念簡潔地傳達給對方。
- 要推廣自己的想法或考慮的事情，希望強調毫無重複或遺漏、離題並且說服對方。

二、解說型

◆解說型的結構

　　另一個邏輯的基本類型是解說型。如圖6-6所示，以結論為頂點，將支持結論的多個根據列在縱向，與並列型同樣地形成So What?/Why So?關係。同時，多個根據通常含有3種要素，將這些根據按照以下的順序橫向排列。希望讀者比較圖6-1的並列型與圖6-6的解說型，先對這兩種類型在圖示上的差異有個概念。

- 為了導出主題的結論，應該跟對方擁有共同的「**事實**」。

- 傳達者從「事實」導出結論的「**判斷基準**」。

- 以「判斷基準」判斷「事實」的結果，也就是記錄如何看待該事實的「**判斷結果**」。

　　這3個要素都是支持結論的根據。從MECE的觀點來看，就是區分成「事實」、「判斷基準」及「判斷結果」，第一個是客觀的根據，後兩個則是主觀的根據。

　　請從圖6-7與圖6-8來看以解說型來建構邏輯的事例。該事例與剛才並列型的圖6-2與6-3的事例相同，設定為某個消

圖6-6 解說型

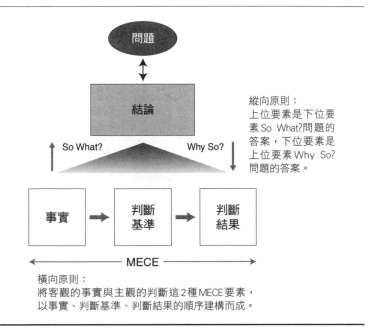

縱向原則：
上位要素是下位要素 So What?問題的答案，下位要素是上位要素 Why So?問題的答案。

橫向原則：
將客觀的事實與主觀的判斷這2種MECE要素，以事實、判斷基準、判斷結果的順序建構而成。

費品廠商產生瑕疵品事件時的應變狀況。

對於根據的解說

圖6-7邏輯結構的問題是「發生瑕疵品的狀況，該如何處理」，而結論是「本公司將重新檢討全部通路商的管理機制，以及追求全面安全性，以使主力商品發生瑕疵品事件的影響降到最低」。

為了說明這樣的結論，先以解說型說明本公司所處的事實（狀況）。所謂事實（狀況）就是不含傳達者的主觀，對

圖6-7　根據的解說型之例

問題：本公司對於量販店通路商的管理疏失引發主力商品LX-20產生瑕疵品問題，應如何處理？

結論

第1層

本公司為了將主力商品發生瑕疵事件對全公司的不良影響降到最低，將重新檢討全部通路商的管理機制，謀求全面的安全性。

第2層

事實	判斷基準	判斷結果
由於量販店的管理疏失，不僅造成LX-20銷售不佳，消費者或通路商對其他商品的不安全感也正逐漸擴大。	顧及LX-20是本公司主力商品這一點，應該不只針對該商品或通路商進行對應，而應該以對全公司的不良影響降到最低的方式來對應。	本公司不只針對量販店，而是對全部通路商重新檢討商品管理／銷售機制，防止瑕疵品問題再發生。同時，廣泛地讓消費者了解本公司產品的安全性，杜絕不必要的臆測。

第3層

從市場的觀點	從競爭對手的觀點	從通路商的觀點	從自己公司的觀點
對消費者而言，問題不在於是通路商管理的缺失或是商品缺陷。消費者強化對本公司商品的不信任，消費者正逐漸背離本公司商品。	競爭對手相繼推出LX-20的類似商品，趁著LX-20的業績差，乘勝追擊。	便利商店等量販店以外的通路商都開始慎重處理LX-20，而且對於本公司其他商品也出現類似傾向。	佔銷售額6成的主力商品LX-20在量販店發生瑕疵品事件以來，從其他通路商也傳來不安的聲音。而且實際上各種商品與通路商的銷售額都已下跌。

傳達者或對溝通對象而言都同樣客觀的的事項。在此，第3層由4C（市場、競爭對手、自己公司、通路商）的觀點構成的4個根據組成並列型結構，當針對第2層的「事實」被問Why So?時，答案就在上述4個根據組成的結構中。也就是一開始就與對方針對客觀現狀建立共識。

其次，第2個根據的要素是判斷基準，說明用以判斷本公司該以什麼樣的觀點對應這次瑕疵品事件。也就是傳達者應該如何思考，才能從一開始的狀況中導出結論。在此提出「瑕疵品問題是發生在主力商品，應該從如何將對全公司的不良影響降到最低的觀點來對應」的基準。如果瑕疵品問題不是發生在主力商品，基準也可以設定為「將對應的費用降到最低」之類的。

而第3個根據的要素是判斷結果，說明將判斷基準套用到事實狀況裡，應該如何下判斷。例如以應該進行「藉由重新檢討全部通路商的管理機制，防止再發生瑕疵品」與「謀求全面的安全性」的判斷結果來支持結論。

事實、判斷基準、判斷結果這3項根據合起來成為針對結論問Why So?時的答案，相反地，對這3項根據問So What?時，答案就是結論。

對於方法的解說

假設對方已經贊成圖6-7的結論。圖6-8是對瑕疵品問題的對應更進一步設定「具體而言該如何進行」的問題，以及

圖6-8　方法的解說型之例

問題　本公司該如何進行全部通路商的管理機制的再確認，以及貫徹全面的安全性？

結論

本公司將與通路商從強化與通路商的關係，以及讓消費者／市場能善意地接受本公司開始，以兩者共同的機制，期能貫徹重新檢討全部通路商的管理機制，謀求全面的安全性。

事實	判斷基準	判斷結果
為了進行全部通路商的管理機制的重新檢討與貫徹本公司產品全面的安全性這兩大活動，大致可分為以下4個方法。 ①兩個活動全都以本公司為主體進行。 ②兩個活動全都委由通路商進行。 ③兩個活動都以本公司與通路商共同的機制來進行。 ④兩個活動由本公司與通路商各自分工進行。	從以下的2個角度思考對應方案。 A 以嚴謹的態度擔負起製造商的責任，讓消費者／市場能善意地接受本公司。 B 與通路商之間不僅止於處理此次意外事件，可更進一步強化彼此的關係。	①身為事件直接原因的通路商如果不積極參與，會使製造商對通路商的管理產生懷疑，而對A產生負面印象，而且B也無法達成。 ②就A的部分很可能讓人以為製造商不負責任。而B對通路商造成很大負擔，可能留下後遺症。 ③A的部分因為是由本公司與通路商共同執行對策，因此應該會受到認同，接受度高。而在B的部分也可能可以在共同作業的過程中，找出今後交易上的改善方針或新商機。 ④A的部分很可能造成兩個活動整體來說沒有一貫性或整合性。B的效果恐怕也很有限。 由上述判斷，③比較好。

其答案的邏輯結構例。問題與圖6-3的方法並列型問題完全相同，而結論「本公司與通路商以共同的機制一起進行」的部分也相同。

　　那麼，方法解說型的圖6-8與方法並列型的圖6-3的差異到底在哪裡？方法並列型的圖6-3對於「本公司與通路商以共同的機制一起進行」的結論，從「如何進行」的觀點來說明。建立強化管理機制的共同企畫，進行共同的促銷活動或廣告活動，的確可以實現「本公司與通路商以共同的機制一起進行」。

　　但是，「共同機制」真的好嗎？在全權委任通路商，或本公司單獨進行等等的各種方案中，必須要說明「為什麼建立共同機制比較好」的時候，就需要說明為何選擇這個方法的理由。這種時候，就要使用方法解說型。也就是說，在好幾個可實現結論的方法當中，為什麼你認為哪個方法是好的，這時就要建立圖6-8的方法解說型的邏輯，來說明方法的適切性。

　　首先，實際列舉出可以想得到的瑕疵品問題的對應方法。在此依主體不同舉出本公司為主體、通路商為主體、兩者共同、兩者分工的4個方法，其次說明判斷基準，也就是在4個選擇方案當中，應該以什麼樣的選擇基準來評斷並選擇此次的對應方法。在這裡舉出的判斷基準是：A以嚴謹的態度擔負起製造商的責任，讓消費者／市場能善意地接受本公司；B與通路商之間不僅止於處理此次意外事件，可更進一

步強化彼此關係。於是，以這兩項基準針對一開始列出的4個選擇方案進行判斷的判斷結果，就成為第3個根據。結論是「本公司將與通路商『從強化與通路商的關係，以及讓消費者／市場能善意地接受本公司開始』，以兩者共同的機制，期能貫徹重新檢討全部通路商的管理機制，謀求全面的安全性」。當中包含加上引號的判斷基準部分，顯示出「為什麼要用共同機制」的論點。

在這個例子當中，對於結論只說明一個階層，也就是到第2層的程度，但是如果需要對結論進行更詳細的說明，可以建構第3層的並列型，增加解說的階層數即可。

像這樣，在解說型中，會將支持結論的根據當中屬於客觀的狀況與用以導致結論的判斷基準與判斷結果這些主觀部分明確地分開表示。因此，最大特徵就是不但有客觀事實，還可強調傳達者的「想法」。可說是一種想把自己「為什麼會導致這個結論」的想法表達給對方知道時，很有效的邏輯結構。

◆使用時的注意事項

「事實」就是正確、不容懷疑的事

由於解說型是以「事實」為起點來說明結論，所以為了製作有說服力的解說型邏輯，首先要將正確的「事實」展示給對方，讓對方覺得「原來事實是這樣啊」、「的確如此」，

這樣對方就會登上你所設的平台聽你說明了。如果你所說的「事實」讓對方覺得「你對事實的認定似乎有很大的錯誤」或是「這不是事實，只是你主觀的看法吧」，你就很難說服對方了。

　　但是很可惜，在簡報或開會等等進行說明或討論的時候，在講到傳達者最重要的結論之前，就因為對現狀的認知或前提條件有爭議而把有限的時間都浪費掉了的情形也很多。

　　為了避免上述情形發生，「事實」的傳達內容一定要先以MECE整理過。如圖6-7，將事實的部分以並列型整理成第3層，之後說明就會很清楚。

判斷基準要明示，並且要適切

　　製作解說型邏輯，重點是用以導出結論的「判斷基準」必須符合以下2點：

- 判斷基準要清楚地明示出來。
- 判斷基準是用以導出目前所設定（或自己設定的）問題（主題）的答案，所以必須是對方也認同的東西。

　　編輯的工作就是每天要讀相當多數量及種類的原稿，但是常常只有判斷的結果，而沒有顯示出判斷基準，這種情況出乎意料地多。這樣的溝通，並不限於商業相關的資料。

　　例如，影印或裝訂等事務性作業，想發包給一直以來都委託的同一家公司去做。以前都是給2天的工作天就交件，

所以這次也打算依循往例，在2天前聯絡，但是這次新的業務員卻說「這種情形需要4個工作天才能交件」。問他為什麼和以前負責的業務說的不同，或是什麼情況2天會好，什麼時候需要4天，對方只是含糊以對，讓人很不放心。類似的經驗，相信讀者們多少都曾碰過。

既然下了結論，就表示傳達者一定設定了某個基準。重要的是，如果沒有將基準清楚地顯示出來讓對方了解，對方是絕對不會認同你的。當我向一位金融機構的放款負責人說明這個道理時，對方回答說：「當你要拒絕對方貸款的時候，要老實地說出可以貸款或不可以貸款的判斷基準，實在不是件輕鬆的事。」

但是，真有那麼困難嗎？站在顧客的立場，很可能是直接聽到判斷基準會比較可以接受，而且早點知道無法從銀行貸款，及早考慮其他方式也比較好，不是嗎？而且顧客與企業等的買家賣家之間，或是醫療等服務的受惠者與提供者之間，以往存在著資訊上的極大落差，近年來由於網路等等的各種IT技術革新，落差已經越來越小。現代的顧客或服務的受惠者不論在質或量的方面，應該都希望獲得相當的資訊後自己進行整理。因此，以前那種用一根菸來套交情就可以打發對方的情形，逐漸變成需要看到明確的基準才會點頭的情形居多。

而且，從對方的立場來看，判斷基準必須是適切的。否則，無論你如何明確地顯示出基準，也無法獲得對方認同。

　　例如，圖6-8的解說型當中，假設發生瑕疵品的情形是有被害人因為食品公司疏失而發生食物中毒的話，該怎麼辦呢？即使問題的種類相同，但是用以在記者會上表明公司態度的邏輯建構，如果直接用圖6-8的邏輯，恐怕無法獲得社會大眾的肯定。這種情形，當然需要加入對於被害人將如何處理等的角度來擬定判斷基準。

　　又例如如果是電話不通的事件的話，處理問題的基準就必須加入處理速度這一項，才能夠獲得認同。所以要設定適切的判斷基準，充分確認問題（主題）是很重要的。

事實、判斷基準、判斷結果的過程需有一貫的內容

　　最後，如圖6-7與圖6-8所示，將套用基準所下的判斷清楚地傳達讓對方了解，在事實→判斷基準→判斷結果的過程中，保持整體的一貫性是很重要的。並且，筆者想在此強調，畢竟最終的重點在於對方是否了解你這一貫的邏輯。

　　例如，以圖6-8為例子來思考，圖6-8的邏輯主題是「本公司該如何進行全部通路商的管理機制的再確認，以及貫徹全面的安全性」。針對這個主題，有本公司單獨進行、全部委託通路商進行、兩者分工進行等選擇方案，選擇其中的「共同進行」的方案，並以此為結論進行解說型的說明。那麼，什麼是事實→判斷基準→判斷結果的一貫性呢？那就是首先，事實的部分以方法①、方法②、方法③、方法④的4個選擇方案進行說明，而判斷基準的部分是設定A、B兩個基

準的話，在第3項的判斷結果部分，就必須提出將方法①、
②、③、④分別以Ａ、Ｂ評估的內容。圖6-8就符合這個原
則。

但是，在練習簡報或草擬提案書的時候，時常可以看到
一開始提出4個選擇方案，但是在判斷結果的部分，卻只提
出傳達者最想要的方法①的評估結果，或者明明設定Ａ、Ｂ
兩個判斷基準，但是從提出的判斷結果來看，卻怎麼也找不
到以基準Ｂ評估的結果，或是竟然看到以第3個基準Ｃ來評
估的結果等等。這就是沒有保持事實→判斷基準→判斷結果
過程中整體的一貫性，這樣是無法說服對方的。

◆適用情況

解說型邏輯，將支持結論的根據中客觀的根據（事實）
與傳達者主觀的根據（判斷基準與判斷結果）分開顯示。因
此，這是一種強調傳達者想法的邏輯結構，因此可以在以下
的狀況中發揮功用：

- 以客觀的事實建立共識，並顯示出自己的思考過程，
  希望向對方強調自己結論的適切性的時候。
- 希望對方對於自己的想法提供意見或建議的時候。
- 想證明從多個選擇方案中選取的方案具有適切性。

這樣你是否可以掌握並列型和解說型的概念呢？想要熟

悉技巧，最重要的首先就是要實際運用。從以下的重點練習
開始吧。

特 集

越是專業的領域越要注意

　　有些時候我們聽了說明，仍然覺得「這麼說也是可以，
但真的是這樣嗎？」而無法認同。這種情況多半是由於沒有
清楚顯示出用於推導出結論的判斷基準。

　　請各位讀者看看以下的案例。如果病人有基本的醫學知
識，就會推想「α是好膽固醇，β是壞膽固醇，所以只有α
高而β正常，沒有太大的問題」，也就是病人將說明中遺漏
的判斷基準，在自己的腦中填補起來。但是醫生說的結論，
在邏輯上以別的基準來看也可以成立，例如「雖然不是α、

β兩者都是正常值的情形，在醫學上也沒有太大的問題，所以不需要特別做什麼」的基準，也可以成立。

如果不明確顯示判斷基準，只要對方不是內行人，就可能完全無法理解你的結論，或者，任意推想成跟傳達者所想的基準完全不同的方向，而曲解了結論。無論是哪一種，因為沒有正確地理解結論，當發生類似情形時，將無法正確去反應，而變成永遠在反覆問相同的問題。

越是在傳達者的專業領域或經驗豐富的領域，由於傳達者本身很清楚，所以越容易發生沒有清楚提出判斷基準的情形。所以一定要確認對於對方而言，你所準備好做為根據的要素中，是否有充分說明判斷基準。

可以被認同的說明例

問題

膽固醇比較高，是不是需要治療，或者生活作息上有沒有需要改進的地方？

結論

你不需要治療或生活作息上的改善。

事實	判斷基準	判斷結果
血液中的膽固醇有α、β兩種，你的α值比正常值高3成，而β值正常。	膽固醇的β值超過正常值就必須治療或從生活上做改善，但α值較正常值高出4成以內都問題不大。	你的β值正常，α值也沒有問題。所以不需要做什麼特別的治療或生活上的改善，你只要照目前的飲食，並保持運動量就可以了。

重點練習

1. 加強邏輯類型的基本訓練

接下來開始練習並列型與解說型。

例題

　　你們公司是食品廠商，你隸屬於義大利麵醬事業部，鑒於最近減肥食品很受歡迎，因此你們部門開始熱烈討論，想要以減肥為切入點推動商品的事業化，並組成企畫小組。而你要將小組討論的內容依次呈報給事業部主管，報告內容要以清楚的邏輯結構讓人容易理解。

　　請在①～⑤中選擇適當的內容填入圖中A、B、C的空欄中，製作出正確的邏輯類型。

◆思考方式與解答例

步驟1：確認邏輯的類型

　　此圖是屬於並列型的邏輯類型。但是，就算邏輯類型沒有像這樣做成圖表，也應該判斷因為是用於說明現狀（事實）的邏輯，所以應該用並列型的邏輯。不適用於設定判斷基準並進行判斷的解說型。

步驟2：找出結論

確認「問題（主題）」，然後看看什麼樣的結論會符合問題「答案」的核心。由於問題是「從減肥的觀點來看本公司的義大利麵醬事業的現狀如何？」，因此結論當然是要說明「從減肥的觀點來看本公司義大利麵醬事業的現狀」。

可能可以填入A的有①和④。結論A與3個根據形成So What?/Why So?關係，因此結論中關於市場的敘述，且與左邊的根據也必須符合So What?/Why So?關係。而④包含市場的要素，與左邊的根據也形成So What?/Why So?關係，而①中不包含市場的要素。因此結論是④。

步驟3：找出根據B、C

仔細讀結論④，從縱向的So What?/Why So?思考B、C的切入點。④中除了市場的要素之外，還包含「競爭對手有一長串」以及「調味醬、專利等本公司的優勢」。由此可知需要能夠詳細說明上述兩點的根據，因此選擇「競爭對手」及「本公司」這兩個切入點。

同時，根據之間的橫向關係必須符合MECE。左端市場的內容之外，還要考慮縱向法則導出的「競爭對手」及「本公司」的切入點，由此可知應該以MECE可掌握事業現狀的3C觀點（市場、競爭對手、本公司）來設定根據。

從這個觀點來看選項，B、C中「競爭對手」方面的根據可放入②，「本公司」方面的根據可放入①。⑤的確也有

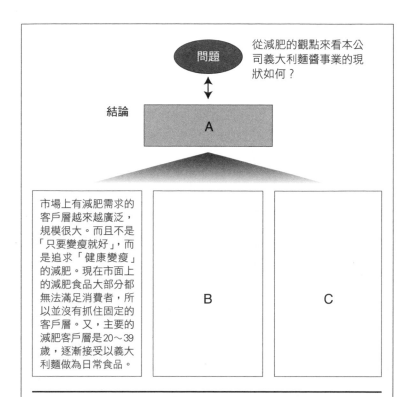

① 篩選出本公司的強項，可以舉出去年取得專利的調味醬，具有減肥效果，
　頗受專家矚目；以及最近其他事業部研發的主張「漂亮瘦身」概念的商品
　；還有本公司屬於日常食品品牌，市場評價及價格競爭上頗具優勢。

② 各公司提供的減肥食品幾乎都是零食類或類似藥物的食品，甚至是治療用
　的食品，幾乎沒有給健康者吃的正餐類食品。現在有很多食品廠商都注意
　到這個市場，已經開始討論進攻策略。

③ 以20多歲及30多歲的人為領導潮流的中心，以義大利麵為主食，正常進食
　而具減量效果的「美麗瘦身法」迅速地廣泛流傳，義大利麵逐漸成為日常
　食品。

④ 以減肥為切入點來看市場，可以預見相當規模的商機。而且消費者不是只
　要瘦就可以滿足，而會要求「每天可以輕鬆進食而可以漂亮瘦身的減肥食
　品」。這一類的競爭對手有一長串，但是本公司擁有調味醬專利等多個優勢
　。

⑤ 本公司的商品在義大利麵醬市場是幾乎人人吃過的基本食品，而且價格低
　廉，在日常食品品牌中評價頗高。價格競爭力也強。

「本公司」的要素，但是它與結論④之間無法成立So What?/Why So?的關係。

問題1

在①～④中選擇適當的內容填入圖中A、B的空欄中，製作出正確的邏輯類型。

提示1 結論A是什麼樣的內容，才能成為該問題答案的核心？回答「是否該事業化」的問題時，最後可得到什麼樣的答案？該選擇的選項只有1個。

提示2 這次的邏輯類型屬於解說型。解說型的各根據之間橫向關係是「事實」→「判斷基準」→「判斷結果」。居於判斷基準位置的B，在思考此問題時，要以什麼為判斷基準呢？哪一個選項放在B可成為適當的內容呢？

請確認 將選項填入B，依序說明3個根據時，內容是否有一貫性，並與結論之間形成So What?/Why So?關係？

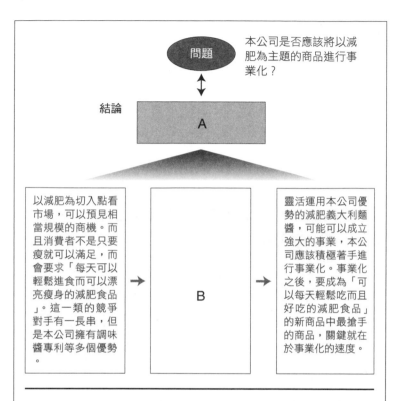

①以現狀為基礎，考慮是否要以減肥為主題進行義大利麵醬事業化之外，以是否可發揮本公司的優勢、競爭是否太過激烈、能否獲利這3項基準進行判斷。

②靠藥物、蒟蒻或白煮蛋等進行的減肥法，難吃而難以持續，加上不健康等缺點，所以評價不高，如何能正常吃而瘦得健康已經逐漸形成新趨勢。目前市面上的減肥食品都無法滿足消費者在口味以及新趨勢方面的需求，所以消費者沒有持續選擇特定品牌的情形。

③目前已有專門生產減肥食品的廠商，但是都當成控制糖尿病等用於治療的特殊食品，只在醫療用的通路商銷售，而沒有推展到一般市場。

④在以減肥為目標的食品市場上，還沒有符合需求的商品出現，所以潛力無窮。本公司應立志朝研發「可以每天輕鬆吃而且好吃的減肥食品」的新商品邁進，早日進行事業化。

問題2 ————————————————————————

　　在①～⑧中選擇適當的內容填入圖中A～G的空欄中，製作出正確的邏輯類型。

提示1 這次的邏輯類型從問題就可以知道，是屬於說明事業化方法的並列型。

提示2 結論當中，從2個觀點說明事業化的方法，並各自成為A、B的切入點。

提示3 仔細考量A的選項，如果你要執行A的話，要從什麼角度切入來說明呢？先思考A整體是關於什麼樣的內容，然後試著想出與其相關的MECE架構。關於B也是同理類推。G要放入什麼要素才會形成MECE呢？

請確認 用於說明事業化方法的並列型邏輯的選項當中，有一項無法填入A～G的空欄。是哪一項？為什麼？

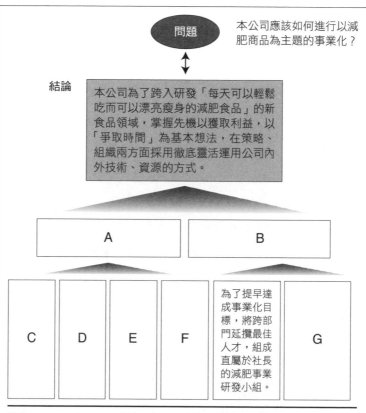

①本公司的甜點事業部最近預計推出特別控制甜度的巴巴露，目前正在研擬
　行銷計畫。
②組織方面，為了確保事業化的進度，廢除原來商品部門間縱向分隔的體制
　，貫徹部門間的聯繫，並靈活運用公司體制外的專家。
③價格方面，由於屬日常食品，希望消費者大量購買，而且為了不讓其他公
　司跟進，不設定一般義大利麵醬的價格，而參考其他如「真空即食包」等
　暢銷商品的價格。
④本公司所欠缺的「時尚多元」部分，應該用商品行銷技巧補救，並不惜資
　本在公司體制外組成專家小組，引導商品上軌道。
⑤策略方面，運用本公司價格競爭力等優勢，建立行銷策略，加強消費者對
　新商品中本公司的新品有所認識。
⑥通路商方面，以減肥顧客密度高的便利商店、藥局為主要通路。並設立「
　減肥食品」的新商品陳列空間，以免搶走自己公司其他商品的顧客。
⑦宣傳活動方面，及早建立消費者「減肥義大利麵就要買α公司的」的觀念，
　在商品推出之前，先針對通路商或消費者舉辦新品試吃會等促銷活動。
⑧商品方面，以現有的「淡口味肉醬」為基礎，短期之內運用各種獨創性的
　調味醬，研發出令人矚目的新菜單。

2. 不合邏輯，一眼就可看穿

　　大街小巷裡到處都充斥著一些文章或口頭陳述，乍看之下很符合邏輯，很難發現它其實不合邏輯。這類的問題只要能善用邏輯類型，就可以很容易地發現不合邏輯之處。

例題

　　以下的文章是以「本公司健康食品事業的現狀報告」為主題寫成的，但其中的邏輯總令人覺得有些問題。如果是你會如何修改？請以邏輯類型修改成正確的邏輯結構。

結論：
　　本公司的健康食品事業的處境相當不好。具體而言有以下3個重點：

①從市場環境的觀點來看：
　　近幾年消費成長率堪憂，而且健康食品市場的規模也不如當初所預期，目前已經陷入價格戰。

②從商品的觀點來看：
　　富含鈣質的義大利麵、添加維他命的米、補充食物纖維的湯等具備「健康概念」的新商品紛紛投入市場，佔有率逐漸提高。相對地，本公司主推的「神奇X」商品「吃起來像藥」，近2年的營業額走低。
　　其實消費者最近對於「吃起來像藥」的補充營養品較不感興趣，對於強調在食品中添加各種營養成分的「健康食品」

概念之商品興趣較高。這是在所有年齡層目前最流行的健康風潮。

③從本公司的觀點來看：

　　本公司的主推商品神奇X是使用獲有專利的特殊酵母，具有一定的利潤，但是近2年營業額下降，造成整體營業額低落。

　　加上最近擴大銷售管道的結果，部分通路商促銷時的用語違反醫藥法，並演變成與消費者之間的糾紛，給顧客負面印象的情形正逐漸增加。

◆思考方式與解答例

步驟1：先確認邏輯的類型

　　從主題是「本公司健康食品事業的現狀報告」來看，可知屬於邏輯類型的並列型。

步驟2：找出正確的MECE根據的切入點

　　這篇文章雖然看起來經過邏輯整理，但是仔細閱讀過全文後，會發現①～③的內容所述不太符合市場觀點、商品觀點、本公司觀點的標題，相信讀者應該有發現重複的情形吧。

　　②的商品觀點的後半段說「其實消費者最近對於……在所有年齡層目前最流行的健康風潮」，是描述市場關於質的變化，與其放在商品觀點，不如放在市場觀點比較恰當。

　　同屬②的「相對地，本公司主推商品……營業額走低」
，與③本公司觀點的內容重複，同樣的內容反覆敘述，容易
令人混淆。

　　而且以①市場觀點、②商品觀點、③本公司觀點進行分
類，真的能掌握本公司健康食品事業的整體現狀嗎？如果你
腦中有想到「現在思考事業現狀，有市場與本公司的要素，
那麼需不需要加入競爭對手的觀點」的話，就表示你已經學
會邏輯／思考的基本動作了。使用MECE技術，就會知道②
商品觀點應該改成競爭對手的觀點。

　　於是，支持結論的根據變成以①市場、②競爭對手、③
本公司的3C觀點為切入點。

步驟3：沿著3C架構整理根據的要素

　　基於①市場觀點、②競爭對手的觀點、③本公司觀點的
架構中，將目前所有根據的要素以正確的分類法進行整理，
就形成下圖。

步驟4：試著對根據進行So What?/Why So?

　　更進一步確認整理好的3項根據與結論之間，是否形成
So What?/Why So?關係，以確認邏輯結構是否正確。

問題1

　　競爭對手X公司的嬰幼兒教育事業「冠軍兒童」，在過
去5年間每年平均成長率達8%，相當成功。因此你請屬下針

解答例

問題　　　本公司健康食品事業的
現狀如何？

結論

本公司的健康食品事業面臨市場成長
率堪憂、消費者對健康食品需求的改
變、強大競爭對手抬頭、營業額低落
、銷售上的糾紛造成形象受損等問題
，情況很糟。

市場	競爭對手	本公司
健康食品市場近幾年的消費成長率堪憂，而且健康食品市場的規模也不如當初所預期，目前已經陷入價格戰。目前所有年齡層最流行的健康風潮不在於「吃起來像藥」的補充營養品，而是對於具「健康食品」概念的食品較有興趣。	富含鈣質的義大利麵、添加維他命的米、補充食物纖維的湯等在食品中加入營養成分的新商品紛紛出爐，新的競爭對手逐漸抬頭。這些廠商搶走了以藥效為賣點、主攻藥丸類的營養補充品等健康食品老廠商的市佔率，在市場上的地位正逐漸攀升。	本公司的主推商品神奇X，是使用獲有專利的特殊酵母的營養補充品，一直以來具有一定的利潤，但是近2年營業額下降，造成整體營業額低落。

對實際情況進行調查，屬下很快地展開工作，所製作的報告
主要有以下幾個論點，請看看其結論是否正確。還有，根據
（主因）的部分似乎不太有說服力。到底是哪裡有問題呢？應
該朝什麼方向改進呢？請以邏輯類型製作正確的邏輯結構。

結論：

　　冠軍兒童在行銷各方面不但靈活運用既有的事業，並且徹底迎合父母親的需求。主要原因整理成以下3項：

- 主因1：由於少子化的趨勢，父母親的精力都集中在1個或2個小孩身上，造成幼兒教育熱潮高漲，而且母親上班的比率急速增加。

- 主因2：冠軍兒童不僅只是教學的工具，還在教材上精心設計，與孩子溝通有問題的家長們，可以透過與孩子自然的互動，教小孩子規矩以及知識。而且還發行家長們之間可以互相交流的刊物，讓家長們可以交換訊息。這些部分都受到眾多父母親的支持。

- 主因3：X公司以母親為對象發行的月刊《媽媽好棒》以及《送子鶴帶來的禮物》，發行量之大在業界首屈一指，而X公司運用在月刊中夾帶DM的方式，招攬會員的策略很成功，會員人數達120萬人，因而可以將授課學費壓低到每月1,700日圓，相較於其他幼兒教育課程算是非常便宜，價格優惠也頗受會員的好評。

提示1 現狀以及上述主因應該以並列型進行整理。若以結論正確為前提，那麼應該以什麼樣的切入點並列出根據，才具有說服力呢？結論是「冠軍兒童在行銷各方面不但靈活運用既有的事業，並且徹底迎合父母親的需求」。行銷的構成要素可以利用4P（價格、產品、促銷方式、通路）的切入點進行MECE分類。

提示2 找到MECE切入點之後，要確認主因1、2、3是否網羅了所有應該放入各切入點的要素，並確認是否有重複的部分。

主因2屬於行銷的構成要素4P中的一項。請問幼教的教材與刊物（的內容）屬於4P中的哪一項呢？

主因3中混有4P當中的兩項要素。可以用什麼方式加以區分？

主因1只是說明市場動向而已，根本不算是行銷的構成要素。從主因2與主因3還缺少4P當中的哪幾P呢？如果將缺少的P列成一項主因，現在的主因1必須要加入什麼樣的要素？

問題2

假設你是食品公司負責企畫商品的課長。你的小組最近針對所有年齡層都很熱中的減肥，準備以減肥主題的食品成立事業部門，要將企畫案交給業務部門判斷是否可實際執行。於是，你請屬下擬定在業務會議上報告的大綱，而屬下打算以如下的架構進行說明。結論與對事實的認知部分還可以，但是其餘的部分總令人覺得有問題，原因出在哪裡？請試著找出來。

結論：本公司應盡早將目前企畫中的商品成立事業部門。

根據

- 現狀：減肥相關市場，可以預見會有相當的成長，而且消費者大多追求每天可以輕鬆吃的減肥食品。目前本公司正在企畫的商品，是可以讓消費者從10項食品當中，依卡路里數以及喜好自由地組合成正餐。目前市場上還沒有迎合這種市場需求的競爭對手，也還沒有出現熱門的商品。
- 判斷基準：要讓新商品成為熱門商品，關鍵在於能否說服消費者該商品是透過全新的利用方式，以及該商品可以帶來的好處（便利）。
- 判斷結果：將目前企畫中的商品成立事業部門之後，可以與電視的料理節目〈快速上菜百科〉或以主婦為對象的雜誌及健康雜誌等合作，以容易計算卡路里為行銷賣點，大量推廣銷售。

提示1 邏輯類型選擇解說型是可以的，但是你認為判斷基準正確嗎？注意這個例子的問題是：「是否要將減肥主題的食品成立事業部門？」

提示2 另外，判斷結果是否符合問題，並且與結論達成一致性？請確認事實→判斷基準→判斷結果的過程中，是否具有一致性？應該將內容如何修改會比較適當？

特集

如果中了彩券

在解說型的邏輯中，即使起點的「事實」一樣，只要「判斷基準」不同，當然「判斷結果」甚至「結論」就會不一樣。現在我們來動動腦吧。

假設你非常幸運地中了彩券100萬日圓，你會想要「買電腦」、「將汽車貸款一次還清」、「帶家人去旅行」……，你有各種想做的事，但是，好不容易得來的100萬日圓，當然想好好運用。而且，如果你不是單身貴族，可能還需要獲得家人同意，讓家人感到「原來如此」而贊同你的使用方式。

那麼，你會建構什麼樣的邏輯？這種情形比較方便的邏輯類型應該是解說型，最有效率的方式就是先將「事實」，也就是100萬日圓想要或必須用於什麼項目，全部列舉出來，其次是設定判斷基準，說明判斷結果，然後證明結論。

筆者2人想到的邏輯結構分別如下，請不要嘲笑筆者心中的願望。其中判斷基準不同，所以結論當然不同。為了說服別人自己的結論，先將模模糊糊浮現在腦中的基準整理清楚，然後思考如何傳達才能讓對方點頭說「原來如此」。像這種切身之事，也可以廣泛運用邏輯類型來思考。

100萬日圓的用途（之1）

問題　如果中了100萬日圓的彩券你會怎麼用？

↕

結論

> 如果中了100萬日圓的彩券，我要去做整形美容。

事實	判斷基準	判斷結果
如果中了100萬日圓的彩券，我有3件想做的事。 • 最近忽然覺得記憶力衰退，所以想進行最高級的腦部健檢以掌握腦部狀況。 • 為了慰勞連日來的疲勞，想去南方小島並且極盡奢華地度假，以恢復元氣。 • 從以前就一直很在意的皺紋、黑斑，想用最先進且安全的整形美容一掃而空。	這100萬是天上掉下來的意外之財，所以應該用在靠自己勞力賺來的血汗錢不會用的地方，也就是可以得到最神奇效果的地方。	腦部健檢或奢華度假都可以確實得到一定的滿足感及成果。但是整形美容的價錢是不是有那個價值，就很不確定了。 因此，意外之財決定揮霍地用在整形美容上！

100萬日圓的用途（之2）

問題 → 如果中了100萬日圓的彩券你會怎麼用？

結論

如果中了100萬日圓的彩券，我要去做最高級的腦部健檢。

事實	判斷基準	判斷結果
如果中了100萬日圓彩券，我有3件想做的事。 • 最近忽然覺得記憶力衰退，所以想進行最高級的腦部健檢以掌握腦部狀況。 • 為了慰勞連日來的疲勞，想去南方小島並且極盡奢華地度假，以恢復元氣。 • 從以前就一直很在意的皺紋、黑斑，想用最先進且安全的整形美容一掃而空。	我到目前為止已投入了大量的金錢在彩券上。所以這100萬我要用在可以最確實回收投資效果的地方。	去南方小島的度假，依氣候或同住在飯店的旅客的狀況，得到的滿足感也會大不相同。而且整形美容能獲得的效果也很不確定。 相對地，100萬日圓已經可以進行精密度相當高的腦部健檢，對今後人生的規畫應該也很有幫助。 因此，我要將這100萬日圓用在腦部健檢上！

第7章

活用邏輯類型

一、邏輯類型的用法

　　許多人一聽到要將自己的想法做成邏輯結構，可能一開始會覺得有各種邏輯類型，不知道該用哪一個。其實如同第6章所介紹的，邏輯類型就只有並列型和解說型2種，只要精通這2種邏輯類型，加以組合運用，無論是要回答什麼樣的問題（主題），都能夠建構出邏輯結構。

　　例如第6章所介紹的案例，全部都是針對1個問題（主題）說明答案，或是進行提案的情形。但是，在實際的職場上，例如要提議某種新的企畫案或行動時，必須要說明的包括為什麼需要做這項企畫案，以及該企畫案的執行方法。接下來，我們來看看當你要回答的問題可能有複數個（不止一個）的時候，對於這2種基本的邏輯類型——並列型與解說型，該如何加以組合以建構邏輯結構。

◆回答1個問題的時候

在建構邏輯結構時，就像前面一直強調的，確認所建構的邏輯所要回答的問題（主題），是很重要的。通常針對問題（主題）會由答案的核心形成結論，而邏輯類型就是由支持該結論的根據或方法所構成。因此，如果要回答的問題只有1個，那就以那個問題的全部答案去建構邏輯的並列型或解說型。

但是在實際職場的溝通上，很多時候，只到第2層的邏輯結構並不足以回答對方的Why So?問題。因此，必須將第2層的根據或方法的各個要素再建構成並列型或解說型的邏輯結構，將邏輯類型作縱向組合。典型的組合方式有以下2種（圖7-1）。

在邏輯訓練的課程中，學生時常會問：「難道沒有以解說型組成架構，再以解說型構成各個根據的情形嗎？」的確，判斷基準的部分，很可能利用可以說明基準適切性的解說型來建構（請參照特集「判斷基準的說服力最重要」）。但是，事實或判斷結果的部分，是沒辦法用解說型來建構邏輯的。

還有，「整體架構用並列型，各個邏輯之間以解說型組合」的方式雖然有可能，但恐怕也很少吧。例如要回答「本公司的各個事業部門應該自食其力，還是應該借用其他資源？」的問題可以說就符合這種情形，但是這種情形極少見。

圖7-1　用於回答1個問題的邏輯類型的組合

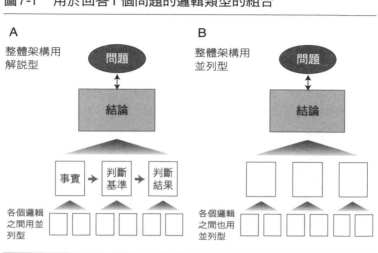

當然，這時候各個邏輯的解說型的判斷基準必須相同。

◆同時回答2個問題的時候

在實際的職場上，有時候需要在一次的溝通當中，同時回答2個問題。請再看一次第6章的圖6-2、6-3、6-7、6-8。對於消費品廠商發生瑕疵品事件，如果設定「該如何處理」（問題1）及「具體上應該如何進行」（問題2）的問題，就是要用到並列型與解說型來建構邏輯結構的例子。

在工作上像這樣同時碰到2個問題，並且要將問題1的答案（以整體方向來處理）與問題2的答案（具體的處理方法）配套傳達的情形並不少。這時候要回答的問題有2個，

所以結論也有2個。關於問題1的結論是「本公司顧及此事件對市場、競爭對手、通路商、自己公司的影響,將重新檢討全部通路商的管理機制,謀求全面的安全性」。問題2的結論是「將通路商管理機制的再確認與貫徹全面的安全性,視

特 集

判斷基準的說服力很重要

在放假日的電車裡,我偶然聽到以下的對話。

孫子:「最近有推出新的口袋怪獸遊戲。A、B和C的
　　　爸媽都已經買給他們了。我也想要。」

祖母:「不行,我們家要玩電動玩具或電腦遊戲要等到
　　　四年級以後。哥哥那時候也是啊。所以你還要再
　　　忍耐一年才行,好不好?別人家是別人家,我們
　　　家是我們家。」

孫子:「為什麼我們家跟人家不一樣?只有我們家要等
　　　,人家都已經買了!」

祖母:「每一家的想法都不一樣啊。我也想買給小健你
　　　啊,可是你媽媽說要等啊。」

孫子:「為什麼!」

祖母:「……」

孫子:「可惡!」

原來如此,祖母是以「我們家要玩電動玩具或電腦遊戲要等到四年級以後」為判斷基準,所以即使孫子吵著要買流

為本公司與通路商要共同進行的活動」。要傳達的結論有2個，所以以結論為頂點建構的邏輯結構也需要2個。

　　但是我們時常看到的情形是想要將2個結論很勉強地硬塞進1個邏輯結構裡，結果問題百出，費盡千辛萬苦終於完

行的遊戲，祖母也不買給他。但是究竟為什麼呢？就算不是小健的筆者也會想問。為什麼在小學四年級之前不能玩呢？只要沒得到答案，相信每次當朋友買新遊戲的時候，小健就會寄託一絲希望在溫柔的祖母身上，而不斷重複類似的對話。

　　在「事實→判斷基準→判斷結果」的過程，支持結論的解說型邏輯結構中，判斷基準必須是對方也覺得是適當的，才有說服力。在小健和祖母的對話當中，沒有出現「為什麼我們家要玩電動要等到四年級以後」的根據。所以小健雖然看來懂事，卻一直無法贊同祖母的話。

　　在商場上的情形也和祖孫對話的本質相同。例如，從複數個策略選擇方案當中，應該選哪一個，或者應不應該投資某個事業等等。問題有千萬種，但是相同的是，如果不明確表達出設定判斷基準的理由，結論是不會有說服力的。筆者曾經在一家企業以管理階層為對象舉辦邏輯／溝通的研習課程上，遇到一位學員說「要如何設定判斷基準，那個設定基準的邏輯正是經營上的決策」。正是如此，說的一點也沒錯。

成的邏輯，卻是令人覺得好像哪裡不對勁的「假邏輯」。在問題有2個的前提下，想傳達2個結論的話，就必須準備2個邏輯類型，再補足2個邏輯結構之間橫向的聯繫。在第6章已經介紹過並列型與解說型2種邏輯類型，所以組合的方式有4種。

並列型＋並列型（圖7-2、圖7-3）

「該做什麼」、「為了達到目的，具體上應該如何進行」這2方面的問題，都用並列型的邏輯類型加以組合。並列型就如同第6章所述，用MECE的根據或方法支持結論，追求結論背後的討論或思考過程而毫無遺漏或重複，而且涵蓋的範圍夠廣，足以說服對方。而且是非常簡潔明瞭的邏輯結構。

圖7-3是發生瑕疵品事件使用「並列型＋並列型」的例子。從圖中具體的例子可知，並列型＋並列型可以將傳達者答案的整體概念清楚地呈現出來。

但是這種組合缺點在於無法區分傳達者主觀的判斷與客觀的事實，而達成「顧及此事件對市場、競爭對手、通路商、自己公司的影響，不只對量販店，將重新檢討全部通路商的管理機制，謀求全面的安全性」的結論，因此不太適用於傳達者想告訴對方如何達成結論的思考過程，或需要和對方討論想法的時候。

而且，針對「為了達到目的，具體上應該如何進行」的

圖7-2　用於回答2個問題的邏輯類型的組合①

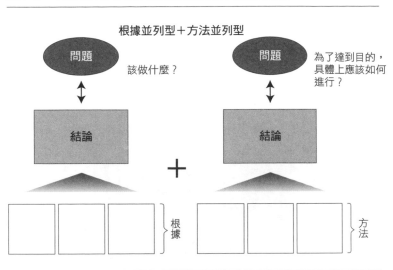

問題，邏輯結構上只顯示「通路商管理機制的再確認、貫徹全面安全性、本公司與通路商共同處理」的方法。因此，無法說服那些認為「本公司與通路商共同處理的方式好嗎？」、「造成瑕疵品的是量販店，讓量販店自己提出對應方案不就好了？」的人。

　　因此，並列型＋並列型可適用於不需要與對方討論結論的對錯，而需要對方正確地了解結論並採取行動的情況。例如公司內部的通知，或事務性聯絡就屬於此類。

解說型＋並列型（圖7-4、圖7-5）

　　針對「該做什麼」的問題使用解說型建構邏輯，而對於

圖7-3　組合①的案例

根據並列型

本公司對於量販店通路商的管理疏失引發主力商品LX-20產生瑕疵品問題，該如何處理？

結論　本公司顧及此事件對市場、競爭對手、通路商、自己公司的影響，將重新檢討全部通路商的管理機制，謀求全面的安全性。

從市場的觀點	從競爭對手的觀點	從通路商的觀點	從自己公司的觀點
對消費者或社會而言，通路商的管理疏失與本公司產品不良是劃上等號的，恐怕今後不管通路商為何，將招致消費者對本公司商品全面的不信任。	LX-20瑕疵品的產生正好成為競爭對手攻擊的題材，競爭對手很可能乘機奪走本公司的顧客層。	在量販店發生的事件，可能引發其他通路商對本公司商品管理的疑慮，在處理上會變得很消極。	不只是LX-20而已，全部商品的安全性與可信度都是本公司賴以生存的要件。如果只將這次事件當成通路商銷售管理的個別問題來處理，恐怕會對其他通路商或商品造成不良影響。

方法並列型

 問題

本公司應該如何進行全部
通路商管理機制的再確認
以及貫徹全面的安全性？

結論

將通路商管理機制的再確認與貫徹全
面的安全性，視為本公司與通路商一
起進行的活動，建立彼此間的共同機
制。

**全部通路商管理機制
再確認的進行方式**

本公司並非要查察通路商
，而是以提升品質管理為
目的，與通路商建立共同
企畫，1個月內決定檢查
與改善的策略。

**貫徹全面安全性的
進行方式**

本公司與通路商共同在各
店面舉辦品質保證促銷活
動，並在報紙或雜誌上聯
合刊登廣告。

圖7-4　用於回答2個問題的邏輯類型的組合②

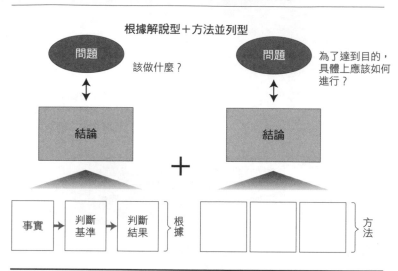

「為了達到目的，具體上應該如何進行」的問題使用並列型
的組合。

　　我們以發生瑕疵品事件為例（圖7-5），針對「對於發生
瑕疵品事件該如何處理」的問題使用解說型，因此對於溝通
的對象來說，不但彼此對客觀的狀況有共識，而且傳達者清
楚地顯示出處理瑕疵品事件的判斷基準是「把對公司的不良
影響降到最低」，可以瞭解是從哪個角度去判斷現狀而形成
結論的。

　　像這樣，傳達者與溝通對象一開始就對客觀的事實有共
識，讓對方登上我們所設的討論平台，對方就比較容易贊同
結論。而且，事實與主觀的想法分開提出，假設對方有不同

特　集

問題有幾個？

　　與一些商業人士交談，時常會發現，在商場上下指令的人與收到指令的人，彼此似乎都沒有互相確認過想問的問題（主題）有幾個，或者該回答的問題（主題）有幾個。

　　似乎下指令的上司與進行報告的屬下都只說個「關於Ｘ公司擴大銷售〇〇」這樣模糊的講法，就以為彼此對於問題有了共識。但是，實際上上司想要知道的是關於「Ｘ公司擴大銷售〇〇的基本方針」與「最近一季具體的擴大銷售計畫」的2項具體陳述。沒有將指令傳達清楚，會造成什麼後果呢？就是屬下鉅細靡遺地報告完具體的銷售計畫，但是由於沒有經過整體的思考再以各個擊破的方式說明，所以各個說明之間沒有連貫性，也無法掌握整體概況。最後屬下只好接受「重做一次報告」的命運……。相信這樣的狀況，很多讀者也都遇到過。

　　為了避免這種沒效率的做法，希望下指令的人至少要說明有幾個問題（主題）。要下指令時不要說「去蒐集關於Ｘ公司擴大銷售〇〇的資料」，而要說「我希望你報告Ｘ公司擴大銷售〇〇的基本方針以及最近一季具體的擴大銷售計畫這2項問題」。而接受指令的人如果接收到一個很模糊的指令，也一定要問明「報告的問題是Ｘ公司擴大銷售〇〇的基本方針以及最近一季具體的擴大銷售計畫這2項對不對」，以進行確認。

圖7-5 組合②的案例

根據解說型

本公司對於量販店通路商的管理疏失引發主力商品LX-20產生瑕疵品問題,應如何處理?

結論

本公司為了將主力商品發生瑕疵事件對全公司的不良影響降到最低,將重新檢討全部通路商的管理機制,謀求全面的安全性。

事實	判斷基準	判斷結果
由於量販店的管理疏失,不僅造成LX-20銷售不佳,消費者或通路商對其他商品的不安全感也正逐漸擴大。	顧及LX-20是本公司主力商品這一點,應該不只針對該商品或通路商進行對應,而應該以對全公司的不良影響降到最低的方式來對應。	本公司不只針對量販店,而是對全部通路商重新檢討商品管理/銷售機制,防止瑕疵品問題再發生。同時,廣泛地讓消費者了解本公司產品的安全性,杜絕不必要的臆測。

從市場的觀點	從競爭對手的觀點	從通路商的觀點	從自己公司的觀點
對消費者而言,問題不在於是通路商管理的缺失或是商品缺陷。消費者強化對本公司商品的不信任,消費者正逐漸背離本公司商品。	競爭對手相繼推出LX-20的類似商品,趁著LX-20的業績差,乘勝追擊。	便利商店等量販店以外的通路商都開始慎重處理LX-20,而且對於本公司其他商品也出現類似傾向。	佔銷售額6成的主力商品LX-20在量販店發生瑕疵品事件以來,從其他通路商也傳來不安的聲音。而且實際上各種商品與通路商的銷售額都已下跌。

方法並列型

問題

本公司應該如何進行全部通路商管理機制的再確認以及貫徹全面的安全性？

結論

將通路商管理機制的再確認與貫徹全面的安全性，視為本公司與通路商一起進行的活動，建立彼此間的共同機制。

全部通路商管理機制再確認的進行方式	貫徹全面安全性的進行方式
本公司並非要查察通路商，而是以提升品質管理為目的，與通路商建立共同企畫，1個月內決定檢查與改善的策略。	本公司與通路商共同在各店面舉辦品質保證促銷活動，並在報紙或雜誌上聯合刊登廣告。

想法，或有需要進行討論的時候，也很容易指出雙方論點的差異。

另一方面，針對「具體上應該如何進行」的問題，達成「通路商管理機制再確認與貫徹全面的安全性，都由本公司與通路商共同處理」的結論，就用並列型展示出具體的方法加以說明。對方可以掌握整體概念，包含傳達者對處理瑕疵品事件的主張，以及會採取什麼方式來處理。

解說型＋並列型適用於主要目的在於從整體方向來說服對方自己答案的適切性，而關於方法的部分則清楚地傳達整體概念。例如「在現階段，關於新的業務策略整體的方向，雙方已經達成共識。接下來為了表示新策略不是空談，所以提出具體的實施方案，證明實現是可能的」的情形就適用。或者對方關心的只有策略的方向，只要能獲得具體策略的整體概念就夠了的情況，就屬於這類。

並列型＋解說型（圖7-6、圖7-7）

針對「該做什麼」的問題使用並列型建構邏輯，而對於「為了達到目的，具體上應該如何進行」的問題使用解說型的組合。剛好用與圖7-4相反的順序組合解說型與並列型。

將產生瑕疵品事件的案例套用在並列型＋解說型，就形成圖7-7。針對「對於發生瑕疵品事件該怎麼處理」的問題，從4C的觀點舉出MECE的根據加以說明。

而針對「具體上應該如何進行」的問題，說明選出結論

圖7-6　用於回答2個問題的邏輯類型的組合③

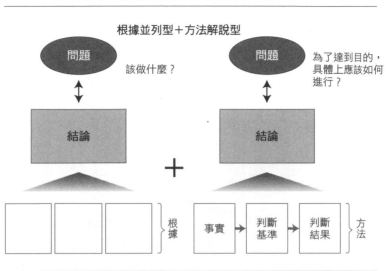

根據並列型＋方法解說型

的經過，也就是先將想到的多個對應方案全部提出。其次，提出判斷基準為「以嚴謹的態度擔負起製造商的責任，讓消費者／市場能善意地接受本公司；以及與通路商之間利用處理此次意外事件的機會，更進一步強化彼此的關係」兩項。然後，利用這些基準評估一開始舉出的對應方案，於是就可以選出「本公司與通路商共同進行活動」的結論。

　　使用並列型＋解說型的前提是：已經與對方在整體方向上達成共識且相互同意，或者不需要討論同不同意，只是做個確認的情形。最適合用在目前最重要的課題是要選擇哪一個方法，而傳達者想要清楚顯示自己的想法，說服對方自己所選擇的方法的適切性的情形。

圖7-7　組合③的案例

根據並列型

問題　本公司對於量販店通路商的管理疏失引發主力商品LX-20產生瑕疵品問題，該如何處理？

結論

本公司顧及此事件對市場、競爭對手、通路商、自己公司的影響，將重新檢討全部通路商的管理機制，謀求全面的安全性。

從市場的觀點	從競爭對手的觀點	從通路商的觀點	從自己公司的觀點
對消費者或社會而言，通路商的管理疏失與本公司產品不良是劃上等號的，恐怕今後不管通路商為何，將招致消費者對本公司商品全面的不信任。	LX-20瑕疵品的產生正好成為競爭對手攻擊的題材，競爭對手很可能乘機奪走本公司的顧客層。	在量販店發生的事件，可能引發其他通路商對本公司商品管理的疑慮，在處理上會變得很消極。	不只是LX-20而已，全部商品的安全性與可信度都是本公司賴以生存的要件。如果只將這次事件當成通路商銷售管理的個別問題來處理，恐怕會對其他通路商或商品造成不良影響。

方法解說型

問題　本公司該如何進行全部通路商的管理機制的再確認，以及貫徹全面的安全性？

結論

本公司將與通路商從強化與通路商的關係，以及讓消費者／市場能善意地接受本公司開始，以兩者共同的機制，期能貫徹重新檢討全部通路商的管理機制，謀求全面的安全性。

事實	判斷基準	判斷結果
為了進行全部通路商的管理機制的重新檢討與貫徹本公司產品全面的安全性這兩大活動，大致可分為以下4個方法。 ①兩個活動全都以本公司為主體進行。 ②兩個活動全都由通路商進行。 ③兩個活動都以本公司與通路商共同的機制來進行。 ④兩個活動由本公司與通路商各自分工進行。	從以下的2個角度思考對應方案。 A 以嚴謹的態度擔負起製造商的責任，讓消費者／市場能善意地接受本公司。 B 與通路商之間不僅止於處理此次意外事件，可更進一步強化彼此的關係。	①身為事件直接原因的通路商如果不積極參與，會使製造商對通路商的管理產生懷疑，而對A產生負面印象，而且B也無法達成。 ②就A的部分很可能讓人以為製造商不負責任。而B對通路商造成很大負擔，可能留下後遺症。 ③A的部分因為是由本公司與通路商共同執行對策，因此應該會受到認同，接受度高。而在B的部分也可能可以在共同作業的過程中，找出今後交易上的改善方針或新商機。 ④A的部分很可能造成兩個活動整體來說沒有一貫性或整合性。B的效果恐怕也很有限。 由上述判斷，③比較好。

　　例如「關於新的經營策略的整體方向性，已經與對方達成協議，為了進一步確認，希望提出具體的策略選擇方案，說服對方什麼策略比較好」之類的情形就適用並列型＋解說型。

解說型＋解說型（圖7-8、圖7-9）

　　第4種組合是對於「該做什麼」以及「為了達到目的，具體上應該如何進行」的問題都使用解說型的邏輯結構。

　　套用到之前的瑕疵品事件上，就形成圖7-9的邏輯結構。從圖中可看出針對「產生瑕疵品問題，該如何處理」的問題，其說明結論的過程。首先敘述本公司所處狀況，其次說明本公司處理瑕疵品事件的基本態度，然後再判斷何種處理態度比較好。另外，針對「具體上應該如何進行」的問題，其說明結論的過程也是將想得到可以提供解決的各項選擇方案全部列出來，然後說明傳達者選擇解決方案的基準，以該基準評估各項方案，看哪個方案比較好。

　　像這樣，組合2個解說型的邏輯結構，一方面突顯出傳達者的想法，另一方面也說明了「達成這個結論的理由」。因此，對於想好好聽聽看或讀讀看傳達者想法的溝通對象來說，是最適合的了。

　　但是，相反地，對於2個問題，進行2次「我（傳達者）對這個狀況抱持什麼樣的基本想法，因此做出什麼判斷」的說明，對於對方而言，確實是質與量都屬於「重量級」的溝

圖7-8　用於回答2個問題的邏輯類型的組合④

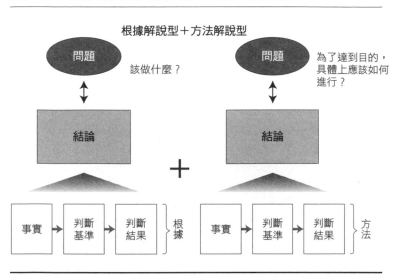

通，不可否認，有可能造成對方因消化不良而無法認同結論，導致對溝通內容感到懷疑的情形發生。

如果你認為需要用到解說型＋解說型的組合時，請務必先想想，在一次的溝通當中回答2個問題，是否是最好的方式。尤其是當對方明顯抱持著不同意見的時候，將溝通分成2次，第1次先處理第1個問題，取得對方的了解之後，再針對第2個問題的答案進行溝通，會不會比較好呢？

圖7-9　組合④的案例

根據解說型

問題 | 本公司對於量販店通路商的管理疏失引發主力商品LX-20產生瑕疵品問題，應如何處理？

結論 | 本公司為了將主力商品發生瑕疵事件對全公司的不良影響降到最低，將重新檢討全部通路商的管理機制，謀求全面的安全性。

事實	判斷基準	判斷結果
由於量販店的管理疏失，不僅造成LX-20銷售不佳，消費者或通路商對其他商品的不安全感也正逐漸擴大。	顧及LX-20是本公司主力商品這一點，應該不只針對該商品或通路商進行對應，而應該以對全公司的不良影響降到最低的方式來對應。	本公司不只針對量販店，而是對全部通路商重新檢討商品管理／銷售機制，防止瑕疵品問題再發生。同時，廣泛地讓消費者了解本公司產品的安全性，杜絕不必要的臆測。

從市場的觀點	從競爭對手的觀點	從通路商的觀點	從自己公司的觀點
對消費者而言，問題不在於是通路商管理的缺失或是商品缺陷。消費者強化對本公司商品的不信任，消費者正逐漸背離本公司商品。	競爭對手相繼推出LX-20的類似商品，趁著LX-20的業績差，乘勝追擊。	便利商店等量販店以外的通路商都開始慎重處理LX-20，而且對於本公司其他商品也出現類似傾向。	佔銷售額6成的主力商品LX-20在量販店發生瑕疵品事件以來，從其他通路商也傳來不安的聲音。而且實際上各種商品與通路商的銷售額都已下跌。

方法解說型

問題　本公司該如何進行全部通路商的管理機制的再確認，以及貫徹全面的安全性？

結論

本公司將與通路商從強化與通路商的關係，以及讓消費者／市場能善意地接受本公司開始，以兩者共同的機制，期能貫徹重新檢討全部通路商的管理機制，謀求全面的安全性。

事實	判斷基準	判斷結果
為了進行全部通路商的管理機制的重新檢討與貫徹本公司產品全面的安全性這兩大活動，大致可分為以下4個方法。 ①兩個活動全都以本公司為主體進行。 ②兩個活動全都委由通路商進行。 ③兩個活動都以本公司與通路商共同的機制來進行。 ④兩個活動由本公司與通路商各自分工進行。	從以下的2個角度思考對應方案。 A 以嚴謹的態度擔負起製造商的責任，讓消費者／市場能善意地接受本公司。 B 與通路商之間不僅止於處理此次意外事件，可更進一步強化彼此的關係。	①身為事件直接原因的通路商如果不積極參與，會使製造商對通路商的管理產生懷疑，而對A產生負面印象，而且B也無法達成。 ②就A的部分很可能讓人以為製造商不負責任。而B對通路商造成很大負擔，可能留下後遺症。 ③A的部分因為是由本公司與通路商共同執行對策，因此應該會受到認同，接受度高。而在B的部分也可能可以在共同作業的過程中，找出今後交易上的改善方針或新商機。 ④A的部分很可能造成兩個活動整體來說沒有一貫性或整合性。B的效果恐怕也很有限。 由上述判斷，③比較好。

二、邏輯FAQ

　　並列型與解說型的邏輯類型是非常簡單的工具，但是想要運用自如，還是需要每天在工作中不斷地使用與耐心練習。在練習當中，讀者們可能會有各種疑問，因此筆者先將溝通課程中學員的常見問題（FAQ）整理如下。

Q1：所謂的邏輯類型是只顯示對自己有利的資訊，以便說服對方是嗎？

A：所謂溝通的邏輯是用以說服對方贊同結論的，所以邏輯整體必須是對結論有利的，才有意義。

　　例如，試想在說明是否要導入某策略的結論時，一般人都會用如圖7-10的邏輯。傳達者本身希望導入的話，就會一味地列舉出導入「網路模擬婚禮服務」的優點。這樣的確會讓那些原本對於在網路上模擬婚禮覺得「真的只有優點，沒有缺點嗎？」、「應該也有缺點或風險吧？」的人，認為傳達者都只列出一些對自己有利的內容。

　　那麼，如果建構出圖7-11的邏輯結構的話，結果又如何呢？圖7-11的確比圖7-10具說服力，但是，如果遇到強勢的對手，反對導入網路上的模擬婚禮服務的話，他恐怕會認為：「如果不導入的話又怎樣呢？會不會不導入的話反而比較

圖7-10 有漏洞的邏輯結構例1

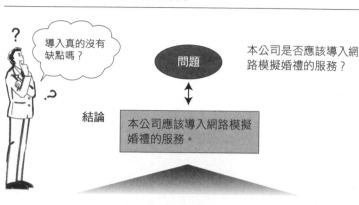

?

導入真的沒有
缺點嗎？

本公司是否應該導入網
路模擬婚禮的服務？

問題

結論

本公司應該導入網路模擬
婚禮的服務。

導入的優點1

可以開拓忙碌的高收入
雙薪準新人成為新的客
戶層。

導入的優點2

藉由輕鬆上網模擬婚禮
，可以引起準新人們的
興趣。

導入的優點3

對於熟悉IT的年輕客戶
層，可以提高本公司的
品牌形象。

好？」

因此，為了說服對方，需要準備如圖7-12所示的，將不
導入的情形也列入考慮，以「導入的優點與缺點（風險）」
與「不導入的優點與缺點（風險）」兩個MECE切入點列出
結論的根據。當然，既然你的結論是由邏輯推導得出的結果
，就必須對「導入的優點＞導入的缺點」以及「不導入的缺
點＞不導入的優點」進行So What?。否則，你的結論就不能
說已經經過邏輯的驗證。

但是其中「用以溝通的邏輯」是非常重要的。也就是說
，如果所舉出的內容全部是導入網路模擬婚禮的優點，溝通

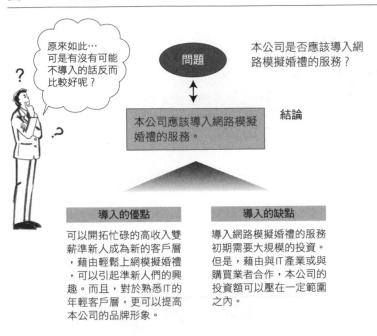

圖7-11　有漏洞的邏輯結構例2

對象也可以贊同的話，提出圖7-10就足夠了，或者溝通對象在意的範圍只到導入的缺點的話，圖7-11就夠了。因為，就像之前一再重複強調的，在商業上的溝通，只要對方能贊同結論，得到傳達者所希望的反應就好了，即使給了過多的資訊，也不能幫助對方理解或贊同。當然，也許對方只是現在還沒想到，如果預期對方可能會發現邏輯的漏洞時，就需要擴大到圖7-12的邏輯結構。

圖7-12　根據的考慮範圍很廣的邏輯結構例

問題　　本公司是否應該導入網路模擬婚禮的服務？

結論

本公司應該導入網路模擬婚禮的服務。

導入的優缺點

雖然進行網路模擬婚禮，初期需要大規模的投資，但是在新客戶層的開拓、及早招攬潛在的客戶層、以及提升本公司的品牌形象方面，都可預見能有所收穫。

不導入的優缺點

不導入網路模擬婚禮服務的話，可避免近期的投資負擔。但是由於不具備線上模擬環境，逐年減少的潛在客戶數將無法估計。

優點

可以開拓忙碌的高收入雙薪準新人成為新的客戶層，藉由輕鬆上網模擬婚禮，可以引起準新人們的興趣。而且，對於熟悉IT的年輕客戶層，更可以提高本公司的品牌形象。

缺點

導入網路模擬婚禮需要初期的大規模的投資。但是，藉由與IT產業或購買業者合作，本公司的投資額可以壓在一定的範圍之內。

優點

不導入可以減少近期內的投資，免除財務負擔。

缺點

由於競爭對手在累積客戶資訊、進行資料庫行銷方面大有斬獲，恐怕會被拉大差距。

Q2：許多人認為溝通的時候先說出結論，是歐美的習慣，
　　在日本可能不適用⋯⋯。

A：「邏輯的結構」與「訊息的傳達順序」是不同的。傳達
的時候，當然也有從根據開始的情形。

　　時常聽到有人說：「我們公司的體質，好像比較不能接
受一開始就先說結論的溝通方式」、「比方說，假設傳達者
的想法與對方不同，如果一開始就先說結論，反而會引起反
彈，從達到溝通的目的來看，豈不是造成反效果？」等等。
的確是這樣。

　　邏輯結構終究只是「結構」，只是用以明確顯示出問題
的答案當中最重要的結論，與其他的要素形成什麼樣的關係
，但是結構與實際溝通上的「傳達順序」（說話的順序或寫
作的順序）是兩回事。

　　當然，商場上許多時候應該以傳達結論→根據為基本順
序，因為如果將最重要的結論放在最後傳達，那最好要有心
理準備，除非對方對於你的溝通非常有興趣，否則根本不可
能維持注意力到最後。

　　但是，也不是說就一定要先提出結論。根據→結論的順
序當然也可以。當對方的結論和傳達者不同時，如果一開始
就先說結論，會引發對方相當大的反彈，可能就需要一個一
個地說明根據，取得對方贊同，從而誘導對方推導出傳達者
支持的結論，這時就適用根據→結論的傳達順序。

　　而且，訊息的「傳達順序」不光是結論先還是根據先的

問題而已，還包括向對方傳達訊息時，首先要寫出或說出問題（主題）以及所期待得到對方的反應，這些都需要確實做到。

再複習一次，溝通時應該要傳達的全部要件包含以下3項（請參考第1章）。

- 問題
- 所期待對方的反應
- 針對問題（主題）的答案

在進行簡報的練習時，傳達者一般會直接從問題（主題）的答案開始說起，讓聽的人搞不清楚「到底目的是什麼，想說什麼」，就這樣直接進入正題的情況出乎意料地多。

簡報在進入正題之前，應該要先有一段導入主題的部分，而練習時大都只會說「感謝各位撥冗參加。今天要介紹的是敝公司的產品X」，也就是「開場白」之後就開始。如此一來，對方必須聽完簡報之後，才會知道具體的內容到底是針對產品X的新機種資訊，還是有關產品X的售後服務。

應該一開始先提出問題（主題）與所期待對方的反應，清楚顯示溝通的目的，再進入答案（正題）。然後，答案的部分如圖7-13所示，可以先說結論，也可以從根據開始說明，兩種方式都可以。

先提出問題（主題）與所期待對方的反應，清楚顯示出溝通的目的，在以根據→結論的順序進行傳達時，尤其重要

圖7-13　邏輯結構與傳達順序

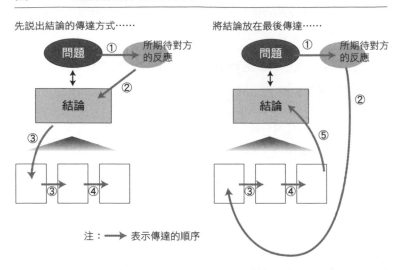

先說出結論的傳達方式……　　　　　　將結論放在最後傳達……

注：──▶ 表示傳達的順序

。如果對方還不知道目的，就開始聽傳達者長篇大論地說明根據，無論對方多麼有耐心，在達到重要的結論之前，都會不斷反覆地問「So What?」（到底是怎麼回事），因此很可能無法完整傳達所有的邏輯結構要素。即使在寫作的時候，情形也是相同。

Q3：為了讓對方比較容易了解如何從根據推出結論，我通常把自己思考或分析的過程也說出來，可是每次都被上司問：「你到底想說什麼？」

A：你是否也時常將自己思考以及考慮的過程都重演一次給對方看？用來說服對方的邏輯，與思考的過程完全是兩回事

。

筆者長年從事編輯（editing）工作，所謂編輯，就是建議或提出一些選擇方案，明確地呈現具說服力的邏輯結構，或對方容易明瞭的傳達方式，將訊息按照傳達者所想的傳達給對方。編輯處理的內容包括書面的溝通與口頭的溝通兩種。前者例如提給客戶的報告書、提案書、雜誌的報導文章或書籍的原稿，到商用信函，有時候還有客戶公司內部文件等等。

在這些編輯的原始材料當中，最難以理解的就是那些將自己思考的過程或操作的經過毫無整理而直接寫下來的文件。這種東西無論是文章或圖表，原稿的量不只是多，而且是龐雜。

例如「關於服務X的定價問題，我比較過競爭對手的價格，並且做過市調評估結果發現……」、「對於本事業部而言，問題不在於定價，應該是在於……吧」、「本公司在考慮這個問題的時候……」、「還有在海外成功的事例當中……」、「另一方面，關於定價問題，可以進行以下的改善……」這類的說明一個接一個地說個沒完。

像這種自己思考時迂迴曲折的過程，如果要讓溝通對象也照著繞一次，恐怕對方會陷入資訊洪流中，消化不良。這種溝通方式就表示你缺乏溝通的認知。溝通的目的在於讓對方贊同結論，並做出傳達者所期待的反應。在解答問題的時候，要將各個資料的分析→結論的思考過程中所推導出的材

料，套入結論→根據（具體提出分析結果）的邏輯結構，也就是第6章介紹的並列型與解說型的邏輯類型，再整理成對方容易理解的方式。思考過程中認為重要的資料，在推導出結論之後就變得不重要了，這種情形屢見不鮮。所以需要萃取出在說服對方時真正需要的資料或資訊。

「為了得出答案所做的討論」與「將答案傳達給對方（溝通）」是完全不同的兩件事。有些文章（或說話內容）令人難以理解，就是因為傳達者在過程中一邊找答案浪費了時間，或者傳達者想到什麼就說（寫）什麼。如果期待這樣的東西能達成溝通的目的，未免也太天真了。雖然很花時間，但為了達到目的，一定要建構用於傳達的邏輯。

Q4：製作並列型邏輯的時候，該從哪裡找到MECE切入點呢？

A：問題當中一定會有暗示，所以先確認「這是關於哪一方面的邏輯」，然後想想有什麼切入點可能可以用。

溝通課程中學到並列型邏輯時，學員經常會問：「你是怎麼想到這些MECE切入點的？我為什麼完全想不出來？」這個問題的答案是，首先要背一些基本的MECE切入點。詳細內容可以複習第3章，例如要向一位剛到本部門的新人介紹「本部門的所有客戶」，讓對方容易了解，可以考慮使用以下的切入點：

1. 本部門的所有客戶可分為法人戶／個人戶

2. 本部門的所有客戶以往來期間的長短區分

3. 本部門的所有客戶以交易規模（金額）區分

然後，在建構邏輯結構時要經常確認問題，因為從問題的內容可以推想出應該使用的MECE切入點。

Q5：解說型的「事實」這一項，真的只能放入事實嗎？

A：解說型的事實是相對性的，不是絕對性的。如第6章所述，解說型當中是以事實→判斷基準→判斷結果的過程在支持結論，其中所謂的事實，狹義來說是「客觀的事實、現象」，但是廣義而言，只要是「雙方都同意的內容」就可以，並不一定要狹義去解釋。

例如「本事業部門的課題」、「本部門的想法」等，雖然是屬於主觀的要素，但只要是雙方都同意的內容，也可以構成解說型的「事實」要素。

Q6：解說型看起來好像只是將「起承轉合」中的「合」先提出來罷了。解說型與起承轉合的差異在哪裡？

A：起承轉合中，並沒有限定起、承、轉的內容。可以是客觀的內容，也可以是主觀的內容。而且，轉與合或是起與承之間的關係很模糊。這也是起承轉合與解說型不同的地方。

其實在日本，最多人知道的統整構成法大概就是起承轉合了。不知道最近學校教育如何，但在筆者所接受的學校教育中，大概只有小學作文課中會按照起承轉合來教導如何寫

文章，記憶中沒有學過其他的構成法。

對許多商業人士而言，覺得比較熟悉起承轉合，但是在商場上的溝通工具，是否只要起承轉合就夠了？這非常令人懷疑。

起承轉合當中邏輯最弱的就是「轉」的部分，從起、承這樣的思緒忽然就在「轉」的部分跳到別地方，其中並沒有限定相對於起、承，轉應該屬於什麼樣的要素，如果是散文等創作性的文章，也許可以給人思想豐富或內容有深度的感覺，但是在訴求邏輯性的時候，就會顯得非常唐突。

而且，解說型邏輯主幹的起點限定在「事實」，相對地，起承轉合的「起」完全不管內容是客觀的還是主觀。解說型在一開始先提出事實，然後設定判斷基準，再說明以該基準判斷事實的結果，並以這種一貫的過程支持結論。這就是解說型與起承轉合最大的不同。

Q7：為了能達成邏輯性的書寫或說話，具體而言該做哪些練習呢？

A：很多人會問這類的問題，筆者經常針對報告或簡報的內容，提供邏輯結構上的建議，以及進行邏輯結構的相關指導。就筆者的經驗，可以確信「以邏輯來建構訊息的能力，與練習的量成正比」。

也就是說，邏輯溝通的能力都是練習的成果，本書中介紹的方法，都是只要練習就可以靈活運用，而且練習的成果

還可以再利用，所以說是一種「技術」。

　　技術是只要習慣就可以運用自如的，雖然一開始可能會不習慣，但還是要持續運用邏輯類型這項工具，養成習慣以結論為頂點，將幾個要素依縱向（So What?/Why So?）、橫向（MECE）的法則建構出結構。

　　因此，在寫報告或構思簡報內容時，不要再只用條列方式寫下來，建議讀者要使用本書介紹的邏輯類型來打草稿，以視覺確認縱橫關係。這樣一來，很容易就可以看出縱向是否真的是 So What?/Why So?關係，橫向是否符合MECE，或是符合事實→判斷基準→判斷結果的流程。

　　如此一來，只要邏輯類型的架構中各個要素都整理完，就已經完成邏輯／溝通的前半部了，也就是完成邏輯結構的部分。剩下的就是利用該邏輯結構寫成報告，或者以口頭進行說明等等。雖然具體表達時還有「如何以邏輯書寫」、「如何以邏輯說明」的技巧問題，但是一開始如果沒有做好邏輯結構的部分，無論你在表達方式上下多少工夫，都無法變成讓人容易理解的邏輯／溝通。

　　相信很多商業人士都很苦惱如何才能寫出讓人容易理解的報告，或者進行一場讓人容易理解的簡報，有這種煩惱的人一定要試著使用本書的邏輯類型撰寫草稿，多加練習。

重點練習

1. 利用邏輯類型，將資訊整理成容易理解的結構

例題

　　假設你是 α 食品公司一個月前成立的外送服務事業部的行銷課長。你為了了解顧客對於這項服務的感想，以改善未來的經營方針，特別針對這一個月內多次使用該項服務的使用者，進行電話的意見調查，結果當中有一位顧客 A 表達了以下的意見。暫且不管誇獎的部分，為了讓顧客 A 抱怨的內容讓全部門的人都知道，請使用邏輯類型整理以下意見，使其簡單易懂。

> 顧客 A 的意見：
> 　　你們公司的外送菜很好吃，也很豐富，我非常喜歡，我大概每星期會訂 3 次，而且價錢也很合理。因為才 1 個月，還有待觀察，但是要我說缺點的話，我會說送達時間的問題。我訂餐的時候說好是要和客戶一邊用餐一邊開會用的，所以請你們 12 點送過來，可是你們竟然遲到 30 分鐘。這樣子我根本沒辦法一邊用餐一邊開會。而且打開一看，裡面的飯全都偏到一邊，剩下的半邊變得零零落落的，實在很難看。我想是運送方式的問題吧。
> 　　另外我很在意的是打電話訂購的時候，總是沒辦法一通電話就訂完，一下子問 1 個還是 2 個，一下子問是大的還是

小的，總要再確認好幾次。我有時都懷疑你們到底有沒有寫下訂購的內容？然後，每次送來的量都不一樣，有時候飯菜的量會比較少。對了，還有一次我的屬下抱怨說「我的咖哩雞肉飯裡面只有2片雞肉，為什麼課長的有4片雞肉」之類的。

你們味道做得很不錯，如果外送的作業也能改善的話，就沒什麼好挑剔的了。我很期待貴公司今後的表現。

◆思考方式與解答例

步驟1：確認問題（主題）並決定用何種邏輯類型

問題是「顧客A對本公司的外送服務有哪些抱怨」。因此，整理出顧客A的抱怨重點就好，不需要傳達者下什麼判斷，因此應該使用並列型。

步驟2：將顧客A所說的內容加以分類，找出MECE根據的切入點

仔細閱讀顧客A的整個抱怨內容，不管順序的話，可以將送達時間延遲、電話接受訂單的方式、內容的量不一致等不滿的部分，用MECE整理成接受訂購、調理、配送這幾點外送作業流程。現在整理的是「顧客A的抱怨內容」，因此不用顧慮「很好吃」、「價錢合理」的部分。

步驟3：對外送服務的各個階段進行抱怨內容的So What?

依接受訂單時、調理時、配送時顧客A的抱怨進行觀察

型So What?。刪除多餘的修飾，抽取出重點。將So What?的結果再以Why So?的觀點進行驗證，確認是否有將顧客A所說的重點確實進行整理。

步驟4：再進行So What?以得出結論，並以Why So?進行確認

依接受訂單時、調理時、配送時的各個階段，將So What?得到的3項抱怨再次進行So What?，找出問題的答案，並以該答案做為並列型的結論。雖然顧客A指出許多的問題點，但只要在以So What?求取結論時，將結論以接受訂單時、調理時、配送時這3個根據的切入點進行說明，對方就

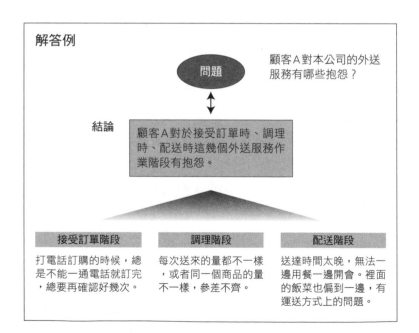

解答例

問題　　顧客A對本公司的外送服務有哪些抱怨？

結論　　顧客A對於接受訂單時、調理時、配送時這幾個外送服務作業階段有抱怨。

接受訂單階段	調理階段	配送階段
打電話訂購的時候，總是不能一通電話就訂完，總要再確認好幾次。	每次送來的量都不一樣，或者同一個商品的量不一樣，參差不齊。	送達時間太晚，無法一邊用餐一邊開會。裡面的飯菜也偏到一邊，有運送方式上的問題。

能很快理解了。請確認結論與 3 項根據之間形成 Why So? 關係。

問題

α 銀行的電話客服中心標榜「是您的理財專員」，不只回答客戶的電話詢問，最近還推出一些銷售商品的服務。但是，最近陸續發現諮詢專線（客戶打來詢問的電話）當中，許多顧客感到不滿。為了找出因應的對策，首先，部門內部決議，直接詢問時常使用電話客服中心的顧客，對本公司的服務具體上有哪些不滿。然後，依照顧客撥打諮詢專線的流程，整理出顧客抱怨的內容。

以下就是電話客服中心的常客 X 的抱怨內容。請問你如何整理 X 的論點？

顧客 X 的不滿：

我打電話去客服中心的原因有很多種。我對你們電話客服中心的確感到不滿。我是有問題想問才打電話的，可是從來沒有打一次就通的，打不通就什麼都免談了，所以你們電話線或處理容量太少了吧。而且，就算通了也不是馬上就有客服人員來聽，還要按照電腦的指示做一大堆操作才行，加上電腦的指示很繁瑣，至少要操作 5 個步驟指示才能接到客服人員那裡。我當然也知道銀行希望將單純的查詢餘額或確認分行地址這種工作，用電腦做有效率的處理，但是卻完全沒想到使用者的立場，感覺銀行的作風好像都只先考慮銀行

的效率。

　　喔，還有，最近你們還說客服中心不只回答客戶來電詢問的問題，還會當場連線到顧客資料，針對客戶已有的商品或服務提供建議。但是我從來沒碰過你們客服人員主動給我任何建議，都只回答我問的問題而已。我還問過2次說：「你們的資料庫裡有我所有的交易資料，可不可以給我一些建議？」第1次得到的答案是：「非常抱歉，目前我們的資料庫還沒有完成，所以現階段沒有辦法提供建議。」完整的顧客資料庫是客服中心「最基本該有的」吧，聽到那麼沒大腦的回答，害我不知道該怎麼說下去。第2次問的時候，是我想買房子，所以打電話過去問貸款問題，我問說：「順便問一下，你們有沒有什麼商品要推薦給我的？」沒想到客服人員回答說：「現在我們的投資信託有優惠活動。」如果真的想成為一開始標榜的「您的理財專員」的話，應該不會這樣回答吧。

　　算了，講主動建議可能要求太高，那就退一百步好了，客服人員至少應該針對手邊的資料，完整回答顧客詢問的問題吧。例如我問距離某地方最近的分行，客服人員就只回答「〇〇分行」，也不說地址和電話。如果問「〇〇分行和XX分行哪個比較近」，客服人員就只會說「距離應該都差不多」。也不問顧客的交通工具或要去該分行做什麼等等。顧客的目的當然不會是問分行的位置，一定是想知道地方，然後去辦什麼事。但卻感覺不到客服人員有誠意去了解顧客真正的目的，並回答可以促成該目的的答案。還有一件事令人生氣，我問有關商品的問題，客服人員針對個別的商品可以說一大串，但是當我問到「α 和 β 哪一個比較好」，客服人員竟回答我「那要看您的目的和需求來判斷」。我也知道那不是三言兩語可以簡單回答的問題，但是就是因為不知道，所以

才會問問看，想得到一些意見，結果回答我那種有說等於沒說的答案，根本就沒有幫助。既然標榜是理財專員，而且銀行屬於服務業，不要單純只是回答客戶的問題，依顧客的目的多做一些商品的說明，這也是身為服務人員該多花心思的部分，不是嗎？

　　我的話說得比較重，但我也是希望你們的電話客服中心能有所改善，所以才把日常感覺到的不滿直接說出來。

提示1 要了解顧客X抱怨的整體概念，目的是要讓大家都知道抱怨的重點內容，因此使用如下圖的並列型的邏輯類型。

提示2 將顧客X的抱怨分類，找出直接支持結論的MECE根據的切入點（圖中第2層）。請一面想像你自己打了諮詢專線之後，一直到放下電話為止的流程，一面讀顧客X的意見。假設把打電話到掛電話之間的流程分成A、B兩個步驟，這2個步驟就成為第2層根據的切入點。

提示3 假設分成A、B兩個步驟，請分別針對A步驟、B步驟各自將其中的抱怨再以MECE分類，找出圖中第3層的根據（a-1與a-2、b-1與b-2）的切入點，針對a-1、a-2、b-1、b-2進行觀察型So What?的工作。

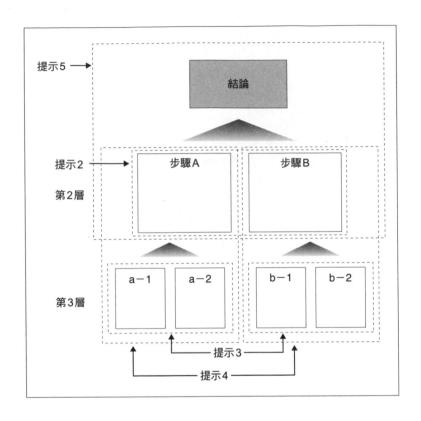

提示4 從步驟A整體及步驟B整體當中，利用第3層的根據（a-1與a-2、b-1與b-2）以觀察型So What?整理出抱怨的重點內容，形成第2層的根據。相反地，確認以Why So?觀點檢視的時候，的確形成So What?/Why So?關係。

提示5 對步驟A整體及步驟B整體的抱怨（第2層的根據）進行So What?以整理出結論。並且確認由Why So?觀點驗證的時候，得到的就是第2層的根據。

2. 使用圖表進行邏輯性的說明

在商場上時常會用圖表來表達想法。而什麼樣的情況適合用圖表來進行邏輯性的說明呢？

例題

你去參加國中同學會，見到了以前的恩師，當敘舊談話告一段落時，仍在學校教書的老師取出一張圖「觀光客對觀光地區的意願」，並且問說：「其實現在學校正在選擇畢業旅行的地點，但是由於意見很多遲遲無法決定。雖然實際上有預算和時間的限制，但是你先不用顧慮，如果是你的話，你認為去哪裡比較好？可不可以給我一些意見？」

你會給什麼樣的意見呢？以老師給你的這張圖為材料，請提出讓老師感到「原來如此」的邏輯性建議。

◆思考方式與解答例

步驟1：確認問題，決定要運用的邏輯類型

問題是「中學的畢業旅行去哪裡比較好？」老師當然想知道具體的地點，但也想知道你為什麼這麼認為，所以邏輯類型應該用解說型。

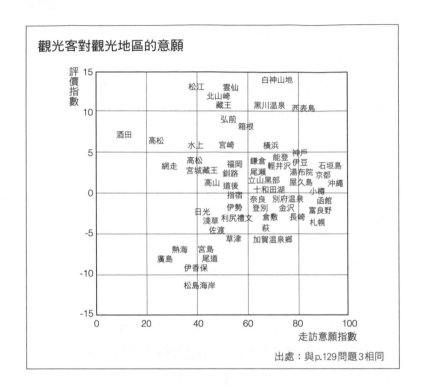

觀光客對觀光地區的意願

出處：與p.129問題3相同

步驟2：思考解說型的「事實」

「觀光客對觀光地區的意願」的資料本身就是解說型的「事實」。除了這張圖表上的資訊之外，例如「京都是有千年歷史的古都，有許多具有歷史性的建築」或「松島是日本三景之一」等等不需要提出任何資料，任何人都可以接受「那是事實」的資訊，都可以成為「事實」。

步驟3：思考解說型的「判斷基準」

提出你選定畢業旅行地點的基準。而你所選定的判斷基

準，必須同時得到老師的贊同，這是很重要的。在設定好幾個基準的時候，最重要的就是讓那些基準之間盡量形成MECE關係。在此，以①旅行前、②旅行後、③旅行中的時間為主軸進行思考，設定以下3個基準：

基準①　選擇走訪意願指數60以上的地方，讓學生在旅行之前就感到期待。

基準②　選擇評價指數10以上的地方，讓學生去了之後會覺得有去真好。

基準③　因為是畢業旅行，所以選擇的地方必須是在旅行中可以直接接觸、學到在學校學不到的事情。

步驟4：思考解說型的「判斷結果」

以在步驟3所設定的①～③的基準評估上述的事實，檢討其評估的內容。在此先以基準①及②排順序，選出的3個地方再以基準③進行評估。其中白神山地的山毛櫸原生林或西表島的固有風土等，不需要另外提出資料，屬於對方也可以接受「那是事實」的資訊，所以可以直接開始進行評估。

重要的是，這3項基準是否能完全區分你一開始提出的事實（在此例是圖表上顯示的觀光地區）。如果只準備最終選定的選項的評估內容，而不說明其他的選項為什麼不行，就會缺乏說服力。

解答例

問題　畢業旅行要去哪裡比較好？

結論

出門前就開始期待，去過之後又感到滿足，而且除了旅遊之外，還可以學到豐富知識的白神山地或西表島比較好。

事實	判斷基準	判斷結果
從「有多想去？」、「實際去過之後，與出發前的期待相比到底有多好或多差？」的問題來評估日本主要觀光地區，就可得到該圖的評估結果。	畢業旅行的地點，重要的是要考慮具備以下3點。 ①難得去一趟，所以選擇走訪意願指數60以上的地方，讓學生在旅行之前就感到期待。 ②還有，選擇評價指數10以上的地方，讓學生去了之後會覺得有去真好。 ③選擇的地方不是只有觀光和娛樂功能而已，必須是旅行中可以直接接觸、學到在學校學不到的日本傳統文化與自然。	• 依照①，將圖中走訪意願指數未滿60的地方剔除。 • 然後，依照②，剔除評價指數未滿10的地方。 • 完成之後，剩下白神山地、黑川溫泉、西表島3個地區。這些依照③的條件，白神山地具有指定為世界遺產的山毛櫸原生林，而且西表島與日本本州地區完全不同的自然風土，都是非常好的學習材料。相對地，黑川溫泉沒有決定性的特點。 因此，可以考慮白神山地或西表島。

步驟5：確認最後的結論

明確記下「判斷結果」，也就是你最後選定的地點。還有，請確認結論的「事實→判斷基準→判斷結果」的過程中，支持結論的根據是否具有一貫性。

問題

假設現在有一對準新人正在煩惱新婚旅行要去哪裡。請以例題「觀光客對觀光地區的意願」的圖為基礎，想想如果要建議旅遊地點，你會給什麼樣的建議？請以邏輯類型整理。

提示 按照例題的解答方式步驟1～5的指示，完成解說型的邏輯類型。在此，重要的是你設定的新婚旅行地點的判斷基準必須要有說服力。

3. 學會建立具說服力的邏輯結構

試著練習將自己的思考結果建構成邏輯結構，可以向對方進行具邏輯性的說明。

問題

α 銀行各分行本年度上半期將推行強化客服活動（參照本部通知函），你是六本木分行該活動的負責人。

最近分行為了推行該活動，將舉辦一場「向服務達人學習」的內部演講會，關於演講者的選定，分行經理給了你以下的指示：

「去找一位演講者，演講內容要讓儲蓄課的新進人員都可以聽得懂，講個大約1小時，之後如果能有問答時間最好，費用的話，預算要控制在5萬日圓以內。關於這次的活動，本部應該有出通知函嘛，為了保險起見，希望你參照那份通知內容去做。最好是找大家都有興趣的人來講。日期的話，對方可能也需要預約，所以你決定人選之後，去和對方談談看吧。」

還有「你不用太大費周章去找人，例如之前公司內部刊物介紹的三本木分行的朝日先生不是不錯嗎？人又風趣，又是熟面孔，需要的話就告訴我，我可以幫你去打聲招呼。」

你經過調查之後，想出了三位人選，經過分行經理的同意，你決定從其中選出一位。於是，你想先由你決定一位人

選，報告給分行經理知道，取得同意之後再去邀請。請試著以邏輯類型建構報告的內容。另外，以下的資料可供參考：

- 資料1：本部通知函
- 資料2～4：三位人選的簡介

提示1 問題是：「三位人選當中，應該請哪一位來演講？」既然問題設定為疑問句，所使用的邏輯類型，自然應該用從數個選擇方案選取最適合的方案，且能說明選擇該方案理由的解說型（與第6章圖6-8相同的方法解說型）。使用以下的邏輯類型，填滿空欄。

提示2 「事實」的部分只要放三個人的簡介就可以。那麼，「判斷基準」該用什麼呢？根據分行經理的指示，應該設定4個基準。從本部通知函也可以找出基準。

提示3 以所設定的基準對各個人選進行評估，結果是「誰最適合」呢？不只針對你認為最適當的人選，要針對每一個人選，一個一個整理出利用判斷基準所得出的結果。否則，如果分行經理與你持不同的想法時，將會無法說服他。

提示4 結論是該請誰來演講呢？還有，請確認結論的「事實→判斷基準→判斷結果」的過程中，支持結論的根據是否具有一貫性。

資料1：本部通知函

本部通知第12-12

平成13年○月X日

各位分行經理

本部營業業務部
部長　○○○○

推動「強化客戶服務」活動通知

　　現在金融業界大多運用客服中心或網路銀行等新的銷售通路取代傳統店面的傾向，頗受注目。但是，從國外先進國家的發展情況來看，有許多報告顯示，商品性質越複雜的東西，顧客也許初期會用電腦等新通路蒐集資訊，但是要蒐集詳細資料或最後決定要購買的時候，還是會選擇傳統的與客服人員面對面的通路。也就是說，加強分行對顧客的服務就變得更重要了。

　　因此，平成13年度上半期，請各分行以如下方式，推行「強化客戶服務」活動。

●目標

　　從資深人員到新進人員的全體分行人員，除了當然要能正確且快速地回答客戶的詢問，還要找出顧客真正的目的，積極對於客戶的目的提出建議或選擇方案，成為一流的服務紳士與服務淑女。

　　打破傳統銀行框架的束縛，將視野放到各行各業最佳服務典範，培養服務精神。

●實施期間

　　平成13年4月～9月

●實施辦法

　　各分行自行選出推行活動的負責人，配合店面狀況，自由進行各項活動。

　　活動內容可參考以下舉例說明：

　　………

　　………

以上

資料2：一號人選簡介

α銀行三本木分行　　朝日太郎先生

簡歷　1962年4月　　進入α銀行

　　　1995年5月　　自α銀行退休

　　　1995年6月　　登記成為α人力派遣公司的職員，派任為α
　　　　　　　　　　銀行三本木分行的店頭服務員至今

■ 最近5年內，顧客寄給三本木分行朝日先生的誇獎信函達65件
，在ATM區親切、仔細的服務態度，以及令人愉悅的打招呼都
頗受好評，以下舉出幾項具體的客戶意見：

• 向我打招呼很有精神，感覺非常好。

• 我時常去辦事，每次都會聽到他跟我說「謝謝您的惠顧」。感
覺好像是「自家銀行」一樣，很有親切感。

• 小孩在附近搖搖擺擺地走路，他對小孩也很有辦法，幫我把
小孩照顧得很好，所以我可以安心地操作ATM，真是非常謝
謝他。

• 我在寫傳票的時候有不懂的地方，問了他之後，他就很仔細
而且正確地教我填，真是幫了我大忙。

■ 在1999年7月，以三本木快樂商店街的顧客為對象進行的「優
良客服人員」票選活動中，以高票當選第1名。

■ 在2001年3月接受公司內部刊物採訪，刊登在「服務鐵人」專
欄中。專欄中介紹「他靈活運用了在α銀行工作中培養習得的
銀行員知識，他的服務原則就是盡可能多讓一些顧客心情愉快
且安心地利用本行，所以要有精神地招呼引導顧客」。

資料3：二號人選簡介

國際飯店顧問（接待客服部負責人）　　櫻京介先生

節錄其著作《服務的心》的作者簡歷與近況

1935年　出生於東京。

1958年　進入國際飯店服務。從服務生開始做起，後來擔任預約
　　　　負責人、接待負責人、宴會負責人等。自1978年起升任
　　　　為接待服務部長，1990年至今擔任顧問。
　　　　自從1978年任接待服務部長開始，就展開全公司的「日
　　　　本第一服務活動」，並帶頭指揮。

◇「服務的心」強調要給人三個層次的滿足：
- 滿足眼前的需求
- 滿足潛在的需求
- 讓顧客想「我還要再來」

並且為了具體實現，每年舉辦小組活動，徹底執行。並將小組活動
的成果加以整理，製作指導手冊，並且做成智庫。

■ 1981年《未來》雜誌舉辦的「全世界商業人士票選100家飯店
服務部門排行榜」當中，國際飯店榮獲第1名，確立了其後在飯
店業界屹立不搖的地位。

■ 櫻京先生強調「服務的心」不只飯店業可以適用，在所有商業
界皆可通用。自擔任現職以來，在國際飯店當然盡力推廣「服
務的心」，還將推廣「服務的心」視為使命，以義工身分致力於
推廣「服務的心」。以各產業、企業的經營階層、管理階層、或
是一般職員為對象，時常進行演講，由於演講內容以飯店人員
長年的經驗為基礎，讓人可以深歷其境，所以一般評價認為很
具體而且容易了解。

■ 與他人合著《漫談服務的心》（收錄與IT業、零售業、汽車業、
觀光業等7個業界頂尖服務人員的對談）。

資料4：三號人選簡介

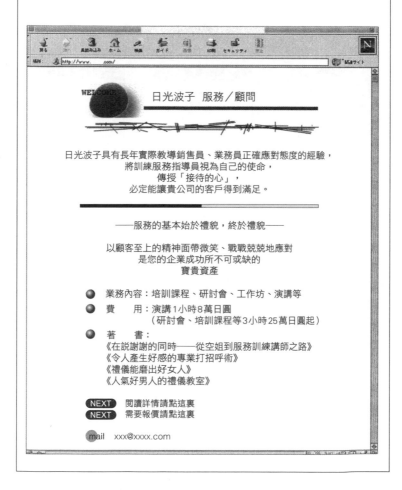

服務訓練講師　　日光波子小姐

節錄自「日光波子服務／顧問」的網頁

WELCOME　日光波子　服務／顧問

日光波子具有長年實際教導銷售員、業務員正確應對態度的經驗，
將訓練服務指導員視為自己的使命，
傳授「接待的心」，
必定能讓貴公司的客戶得到滿足。

──服務的基本始於禮貌，終於禮貌──

以顧客至上的精神面帶微笑、戰戰兢兢地應對
是您的企業成功所不可或缺的
寶貴資產

● 業務內容：培訓課程、研討會、工作坊、演講等
● 費　　用：演講1小時8萬日圓
　　　　　　（研討會、培訓課程等3小時25萬日圓起）
● 著　　書：
　《在說謝謝的同時──從空姐到服務訓練講師之路》
　《令人產生好感的專業打招呼術》
　《禮儀能磨出好女人》
　《人氣好男人的禮儀教室》

NEXT 閱讀詳情請點這裏
NEXT 需要報價請點這裏

mail　xxx@xxxx.com

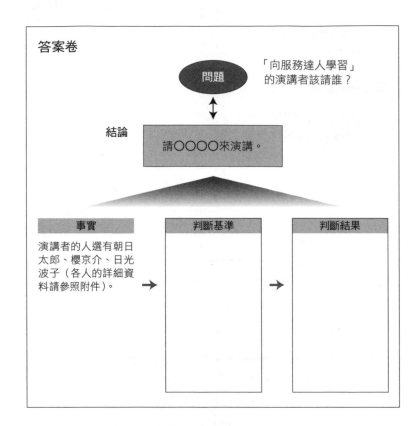

結語

　　我們兩人會進入邏輯／溝通這個領域，是分別經歷過雜誌、書籍的企畫編輯，企業內部刊物的企畫、執行工作之後，才在麥肯錫顧問公司（**McKinsey & Company**）邂逅了「編輯」工作。

　　也許很多人並不知道什麼叫做「編輯」（editing），編輯處理的內容，從顧問諮詢報告書、對顧客進行商品說明時的簡報內容、企業登載於網頁上的事業介紹或績效等資料、雜誌或書籍的原稿、甚至到商業信函等等包羅萬象。

　　為了讓這些訊息的傳達者（寫的人、說的人）達到目的，我們就佯裝成讀者、聽眾，去聽或讀傳達者準備好的內容。然後，我們會看看這些內容是否能讓真正的接收者認同地說「原來如此」，如果不能獲得贊同，我們就會建議「什麼部分該作什麼樣的改善」，從訊息的邏輯結構到語句用詞，都提供建議以及具體的改善方案。

　　要讓溝通對象理解並贊同自己的訊息，這當中有幾個陷阱，是傳達者當局者迷而很難察覺到的。我們充當沒有利害

關係的第三者進行客觀的驗證，可以很快看出什麼地方有什麼問題，以及怎樣改變才能獲得對方的認同。所以，從第三者的立場可以與傳達者討論，或以接收者的觀點來看事情，更有效地支持並建構訊息，這就是所謂的編輯工作。也可以說是讓傳達者達到溝通的目的，一種類似觸媒的角色。

從這層意義上來看，我們分別從事這種高規格的編輯工作將近10年了。在這段期間，我們逐漸掌握到無論什麼領域或主題，既符合邏輯又容易理解的訊息所應具備的固定法則或重點。在本書中就是將邏輯性的思考、建構邏輯的技術中所隱含的法則與我們累積而得的編輯手法相結合，並製作成體系。讓讀者可以對於自己所寫或所說的內容，自行確認是否容易理解和符合邏輯，而且可以自行改善——也就是「自我／編輯」的能力，這是成為一位優秀的溝通者所不可或缺的工具。希望本書能成為引導讀者達成自我／編輯的導引手冊。

而且，筆者深切感覺這項技術除了在商業界之外，也適用於學習或研究方面，甚至在日常生活或人生當中，都非常實用。人一生中常有許多煩惱，或者站在叉路口被迫選擇該往左或往右。像這樣的時候，不妨試著用MECE進行整理，或者想想看自己生活上或人生當中不能妥協的是什麼，以此為基準將眼前的選項排出先後順序來做整理。說得誇張一點，以自我／編輯做為思考人生方向的工具，必定也助益良多

。

這本書承蒙許多人的幫忙，才得以成形。

在我們研發邏輯／溝通的手法時，遇到許多活躍的商界人士，與我們分享了許多溝通的問題與煩惱，以及在實踐上無可取代的指導與提案，這些都成為我們寫書的原動力與鼓勵。

還有，感謝麥肯錫顧問公司與工作夥伴們，以及從該公司「畢業」的人們，讓我有機會邂逅並從事「編輯」這一特殊的工作。其中還有日本分公司社長平野正雄先生、編輯／服務的supervisor門永宗之助先生、以及為我們開拓出書這條路的本田桂子小姐的大力支持，這本書才能出版。另外，還要特別感謝現任NIFCO公司副社長的千種忠昭先生，他原是麥肯錫公司的director，同時也是建立日本分公司編輯／服務的始祖，在編輯工作上給了我們相當大的幫助。曾擔任朝日新聞編輯委員、在編輯／服務草創時期就已盡心盡力的刀彌館正久先生，也給我們非常多建議與鼓勵。

並且感謝東洋經濟新報社出版部的小島信一先生、水野一誠先生從本書的企畫階段開始到進度管理，給予我們的諸多照顧。

在此致上誠心的感謝。

　　最後要感謝在我們寫書期間，家人們極大的支持。在這本書中，一點一滴地累積了一些自主計畫的討論與實驗。在此由衷感謝最了解這個活動的工作夥伴們，雖然當中有些嘗試錯誤的艱辛過程，但是你們始終以寬大的心包容這一切。

2001 年 3 月　照屋華子

岡田惠子

經濟新潮社 〈經營管理系列〉

書　號	書　名	作　者	定價
QB1008	殺手級品牌戰略：高科技公司如何克敵致勝	保羅‧泰柏勒、李國彰	280
QB1015X	六標準差設計：打造完美的產品與流程	舒伯‧喬賀瑞	360
QB1016X	我懂了！六標準差設計：產品和流程一次OK！	舒伯‧喬賀瑞	260
QB1021X	最後期限：專案管理101個成功法則	湯姆‧狄馬克	360
QB1023	人月神話：軟體專案管理之道	Frederick P. Brooks, Jr.	480
QB1024X	精實革命：消除浪費、創造獲利的有效方法（十週年紀念版）	詹姆斯‧沃馬克、丹尼爾‧瓊斯	550
QB1026X	與熊共舞：軟體專案的風險管理（經典紀念版）	湯姆‧狄馬克、提摩西‧李斯特	480
QB1027X	顧問成功的祕密（10週年智慧紀念版）：有效建議、促成改變的工作智慧	傑拉爾德‧溫伯格	400
QB1028X	豐田智慧：充分發揮人的力量（經典暢銷版）	若松義人、近藤哲夫	340
QB1042	溫伯格的軟體管理學：系統化思考（第1卷）	傑拉爾德‧溫伯格	650
QB1044	邏輯思考的技術：寫作、簡報、解決問題的有效方法（經典紀念版）	照屋華子、岡田惠子	360
QB1045	豐田成功學：從工作中培育一流人才！	若松義人	300
QB1051X	從需求到設計：如何設計出客戶想要的產品（十週年紀念版）	唐納德‧高斯、傑拉爾德‧溫伯格	580
QB1052C	金字塔原理：思考、寫作、解決問題的邏輯方法	芭芭拉‧明托	480
QB1053X	圖解豐田生產方式	豐田生產方式研究會	300
QB1055X	感動力	平野秀典	250
QB1058	溫伯格的軟體管理學：第一級評量（第2卷）	傑拉爾德‧溫伯格	800
QB1059C	金字塔原理Ⅱ：培養思考、寫作能力之自主訓練寶典	芭芭拉‧明托	450
QB1062X	發現問題的思考術	齋藤嘉則	450
QB1063	溫伯格的軟體管理學：關照全局的管理作為（第3卷）	傑拉爾德‧溫伯格	650
QB1069X	領導者，該想什麼？：運用MOI（動機、組織、創新），成為真正解決問題的領導者	傑拉爾德‧溫伯格	450
QB1070X	你想通了嗎？：解決問題之前，你該思考的6件事	唐納德‧高斯、傑拉爾德‧溫伯格	320
QB1071X	假說思考：培養邊做邊學的能力，讓你迅速解決問題	內田和成	360

書　號	書　　名	作　　者	定價
QB1075X	學會圖解的第一本書：整理思緒、解決問題的20堂課	久恆啟一	360
QB1076X	策略思考：建立自我獨特的insight，讓你發現前所未見的策略模式	御立尚資	360
QB1080	從負責到當責：我還能做些什麼，把事情做對、做好？	羅傑‧康納斯、湯姆‧史密斯	380
QB1082X	論點思考：找到問題的源頭，才能解決正確的問題	內田和成	360
QB1089	做生意，要快狠準：讓你秒殺成交的完美提案	馬克‧喬那	280
QB1091	溫伯格的軟體管理學：擁抱變革（第4卷）	傑拉爾德‧溫伯格	980
QB1092	改造會議的技術	宇井克己	280
QB1093	放膽做決策：一個經理人1000天的策略物語	三枝匡	350
QB1094	開放式領導：分享、參與、互動——從辦公室到塗鴉牆，善用社群的新思維	李夏琳	380
QB1095X	華頓商學院的高效談判學（經典紀念版）：讓你成為最好的談判者！	理查‧謝爾	430
QB1098	CURATION策展的時代：「串聯」的資訊革命已經開始！	佐佐木俊尚	330
QB1100	Facilitation引導學：創造場域、高效溝通、討論架構化、形成共識，21世紀最重要的專業能力！	堀公俊	350
QB1101	體驗經濟時代（10週年修訂版）：人們正在追尋更多意義，更多感受	約瑟夫‧派恩、詹姆斯‧吉爾摩	420
QB1102X	最極致的服務最賺錢：麗池卡登、寶格麗、迪士尼都知道，服務要有人情味，讓顧客有回家的感覺	李奧納多‧英格雷利、麥卡‧所羅門	350
QB1105	CQ文化智商：全球化的人生、跨文化的職場——在地球村生活與工作的關鍵能力	大衛‧湯瑪斯、克爾‧印可森	360
QB1107	當責，從停止抱怨開始：克服被害者心態，才能交出成果、達成目標！	羅傑‧康納斯、湯瑪斯‧史密斯、克雷格‧希克曼	380
QB1108X	增強你的意志力：教你實現目標、抗拒誘惑的成功心理學	羅伊‧鮑梅斯特、約翰‧堤爾尼	380
QB1109	Big Data大數據的獲利模式：圖解‧案例‧策略‧實戰	城田真琴	360

書　號	書　　　名	作　　者	定價
QB1110X	華頓商學院教你看懂財報，做出正確決策	理查‧蘭柏特	360
QB1111C	V型復甦的經營：只用二年，徹底改造一家公司！	三枝匡	500
QB1112	如何衡量萬事萬物：大數據時代，做好量化決策、分析的有效方法	道格拉斯‧哈伯德	480
QB1114X	永不放棄：我如何打造麥當勞王國（經典紀念版）	雷‧克洛克、羅伯特‧安德森	380
QB1117X	改變世界的九大演算法：讓今日電腦無所不能的最強概念（暢銷經典版）	約翰‧麥考米克	380
QB1120X	Peopleware：腦力密集產業的人才管理之道（經典紀念版）	湯姆‧狄馬克、提摩西‧李斯特	460
QB1121	創意，從無到有（中英對照×創意插圖）	楊傑美	280
QB1123	從自己做起，我就是力量：善用「當責」新哲學，重新定義你的生活態度	羅傑‧康納斯、湯姆‧史密斯	280
QB1124	人工智慧的未來：揭露人類思維的奧祕	雷‧庫茲威爾	500
QB1125	超高齡社會的消費行為學：掌握中高齡族群心理，洞察銀髮市場新趨勢	村田裕之	360
QB1126X	【戴明管理經典】轉危為安：管理十四要點的實踐（修訂版）	愛德華‧戴明	750
QB1127	【戴明管理經典】新經濟學：產、官、學一體適用，回歸人性的經營哲學	愛德華‧戴明	450
QB1129	系統思考：克服盲點、面對複雜性、見樹又見林的整體思考	唐內拉‧梅多斯	450
QB1132	本田宗一郎自傳：奔馳的夢想，我的夢想	本田宗一郎	350
QB1133	BCG頂尖人才培育術：外商顧問公司讓人才發揮潛力、持續成長的祕密	木村亮示、木山聰	360
QB1134	馬自達Mazda技術魂：駕馭的感動，奔馳的祕密	宮本喜一	380
QB1135	僕人的領導思維：建立關係、堅持理念、與人性關懷的藝術	麥克斯‧帝普雷	300
QB1136	建立當責文化：從思考、行動到成果，激發員工主動改變的領導流程	羅傑‧康納斯、湯姆‧史密斯	380
QB1137	黑天鵝經營學：顛覆常識，破解商業世界的異常成功個案	井上達彥	420

經濟新潮社 〈經營管理系列〉

書　號	書　　　名	作　　　者	定價
QB1138	超好賣的文案銷售術：洞悉消費心理，業務行銷、社群小編、網路寫手必備的銷售寫作指南	安迪・麥斯蘭	320
QB1139X	我懂了！專案管理（暢銷紀念版）	約瑟夫・希格尼	400
QB1140	策略選擇：掌握解決問題的過程，面對複雜多變的挑戰	馬丁・瑞夫斯、納特・漢拿斯、詹美賈亞・辛哈	480
QB1141X	說話的本質：好好傾聽、用心說話，話術只是技巧，內涵才能打動人	堀紘一	340
QB1143	比賽，從心開始：如何建立自信、發揮潛力，學習任何技能的經典方法	提摩西・高威	330
QB1144	智慧工廠：迎戰資訊科技變革，工廠管理的轉型策略	清威人	420
QB1145	你的大腦決定你是誰：從腦科學、行為經濟學、心理學，了解影響與說服他人的關鍵因素	塔莉・沙羅特	380
QB1146	如何成為有錢人：富裕人生的心靈智慧	和田裕美	320
QB1147	用數字做決策的思考術：從選擇伴侶到解讀財報，會跑Excel，也要學會用數據分析做更好的決定	GLOBIS商學院著、鈴木健一執筆	450
QB1148	向上管理・向下管理：埋頭苦幹沒人理，出人頭地有策略，承上啟下、左右逢源的職場聖典	蘿貝塔・勤斯基・瑪圖森	380
QB1149	企業改造（修訂版）：組織轉型的管理解謎，改革現場的教戰手冊	三枝匡	550
QB1150	自律就是自由：輕鬆取巧純屬謊言，唯有紀律才是王道	喬可・威林克	380
QB1151	高績效教練：有效帶人、激發潛力的教練原理與實務（25週年紀念增訂版）	約翰・惠特默爵士	480
QB1152	科技選擇：如何善用新科技提升人類，而不是淘汰人類？	費維克・華德瓦、亞歷克斯・沙基佛	380
QB1153	自駕車革命：改變人類生活、顛覆社會樣貌的科技創新	霍德・利普森、梅爾芭・柯曼	480
QB1154	U型理論精要：從「我」到「我們」的系統思考，個人修練、組織轉型的學習之旅	奧圖・夏默	450
QB1155	議題思考：用單純的心面對複雜問題，交出有價值的成果，看穿表象、找到本質的知識生產術	安宅和人	360

書　號	書　　　名	作　　者	定價
QB1156	豐田物語：最強的經營，就是培育出「自己思考、自己行動」的人才	野地秩嘉	480
QB1157	他人的力量：如何尋求受益一生的人際關係	亨利‧克勞德	360
QB1158	2062：人工智慧創造的世界	托比‧沃爾許	400
QB1159	機率思考的策略論：從消費者的偏好，邁向精準行銷，找出「高勝率」的策略	森岡毅、今西聖貴	550
QB1160	領導者的光與影：學習自我覺察、誠實面對心魔，你能成為更好的領導者	洛麗‧達絲卡	380
QB1161	右腦思考：善用直覺、觀察、感受，超越邏輯的高效工作法	內田和成	360
QB1162	圖解智慧工廠：IoT、AI、RPA如何改變製造業	松林光男審閱、川上正伸、新堀克美、竹內芳久編著	420
QB1163	企業的惡與善：從經濟學的角度，思考企業和資本主義的存在意義	泰勒‧柯文	400
QB1164	創意思考的日常練習：活用右腦直覺，重視感受與觀察，成為生活上的新工作力！	內田和成	360
QB1165	高說服力的文案寫作心法：為什麼你的文案沒有效？教你潛入顧客內心世界，寫出真正能銷售的必勝文案！	安迪‧麥斯蘭	450
QB1166	精實服務：將精實原則延伸到消費端，全面消除浪費，創造獲利（經典紀念版）	詹姆斯‧沃馬克、丹尼爾‧瓊斯	450
QB1167	助人改變：持續成長、築夢踏實的同理心教練法	理查‧博雅吉斯、梅爾文‧史密斯、艾倫‧凡伍思坦	380
QB1168	刪到只剩二十字：用一個強而有力的訊息打動對方，寫文案和說話都用得到的高概念溝通術	利普舒茲信元夏代	360
QB1169	完全圖解物聯網：實戰‧案例‧獲利模式　從技術到商機、從感測器到系統建構的數位轉型指南	八子知礼編著；杉山恒司等合著	450
QB1170	統計的藝術：如何從數據中了解事實，掌握世界	大衛‧史匹格哈特	580
QB1171	解決問題：克服困境、突破關卡的思考法和工作術	高田貴久、岩澤智之	450

經濟新潮社 〈經營管理系列〉

書　號	書　　名	作　　者	定價
QB1172	**Metadata後設資料**：精準搜尋、一找就中，數據就是資產！教你活用「描述資料的資料」，加強資訊的連結和透通	傑福瑞・彭蒙藍茲	420
QB1173	**銷售洗腦**：「謝了！我只是看看」當顧客這麼說，你要怎麼辦？輕鬆帶著顧客順利成交的業務魔法	哈利・佛里曼	380
QB1174	**提問的設計**：運用引導學，找出對的課題，開啟有意義的對話	安齋勇樹、塩瀨隆之	480
QB1175	**時基競爭**：快商務如何重塑全球市場	喬治・史托克、湯瑪斯・郝特	480
QB1176	**決戰庫存**：連結客戶與供應商，一本談供應鏈管理的小說	程曉華	480

書　號	書　　名	作　者	定價
QC1014X	一課經濟學（50週年紀念版）	亨利·赫茲利特	320
QC1016X	致命的均衡：哈佛經濟學家推理系列	馬歇爾·傑逢斯	300
QC1019X	邊際謀殺：哈佛經濟學家推理系列	馬歇爾·傑逢斯	300
QC1020X	奪命曲線：哈佛經濟學家推理系列	馬歇爾·傑逢斯	300
QC1026X	選擇的自由（40週年紀念版）	米爾頓·傅利曼	500
QC1027X	洗錢	橘玲	380
QC1034	通膨、美元、貨幣的一課經濟學	亨利·赫茲利特	280
QC1036X	1929年大崩盤	約翰·高伯瑞	380
QC1039	贏家的詛咒：不理性的行為，如何影響決策（2017年諾貝爾經濟學獎得主作品）	理查·塞勒	450
QC1040	價格的祕密	羅素·羅伯茲	320
QC1043	大到不能倒：金融海嘯內幕真相始末	安德魯·羅斯·索爾金	650
QC1044X	貨幣簡史：你不能不知道的通膨真相	莫瑞·羅斯巴德	350
QC1048X	搶救亞當斯密：一場財富、轉型與道德的思辨之旅	強納森·懷特	400
QC1052	生個孩子吧：一個經濟學家的真誠建議	布萊恩·卡普蘭	290
QC1055	預測工程師的遊戲：如何應用賽局理論，預測未來，做出最佳決策	布魯斯·布恩諾·德·梅斯奎塔	390
QC1060	肯恩斯城邦：穿越時空的經濟學之旅	林睿奇	320
QC1061	避稅天堂	橘玲	380
QC1062	平等與效率：最基礎的一堂政治經濟學（40週年紀念增訂版）	亞瑟·歐肯	320
QC1063	我如何在股市賺到200萬美元（經典紀念版）	尼可拉斯·達華斯	320
QC1064	看得見與看不見的經濟效應：為什麼政府常犯錯、百姓常遭殃？人人都該知道的經濟真相	弗雷德里克·巴斯夏	320
QC1065	GDP又不能吃：結合生態學和經濟學，為不斷遭到破壞的環境，做出一點改變	艾瑞克·戴維森	350

書　號	書　　　名	作　　者	定價
QC1066	百辯經濟學：為娼妓、皮條客、毒販、吸毒者、誹謗者、偽造貨幣者、高利貸業者、為富不仁的資本家……這些「背德者」辯護	瓦特・布拉克	380
QC1067	個體經濟學 入門的入門：看圖就懂！10堂課了解最基本的經濟觀念	坂井豐貴	320
QC1068	哈佛商學院最受歡迎的7堂總體經濟課	大衛・莫斯	350
QC1069	貿易戰爭：誰獲利？誰受害？解開自由貿易與保護主義的難解之謎	羅素・羅伯茲	340
QC1070	如何活用行為經濟學：解讀人性，運用推力，引導人們做出更好的行為，設計出更有效的政策	大竹文雄	360
QC1071	愛上經濟：一個談經濟學的愛情故事（暢銷紀念版）	羅素・羅伯茲	340

書　號	書　　　名	作　　者	定價
QD1001	想像的力量：心智、語言、情感，解開「人」的祕密	松澤哲郎	350
QD1002	一個數學家的嘆息：如何讓孩子好奇、想學習，走進數學的美麗世界	保羅・拉克哈特	250
QD1004	英文寫作的魅力：十大經典準則，人人都能寫出清晰又優雅的文章	約瑟夫・威廉斯、約瑟夫・畢薩普	360
QD1005	這才是數學：從不知道到想知道的探索之旅	保羅・拉克哈特	400
QD1006	阿德勒心理學講義	阿德勒	340
QD1008	服從權威：有多少罪惡，假服從之名而行？	史丹利・米爾格蘭	380
QD1009	口譯人生：在跨文化的交界，窺看世界的精采	長井鞠子	300
QD1011	寶塚的經營美學：跨越百年的表演藝術生意經	森下信雄	320
QD1014	設計的精髓：當理性遇見感性，從科學思考工業設計架構	山中俊治	480
QD1015X	時間的形狀：相對論史話（增訂版）	汪詰	420
QD1017	霸凌是什麼：從教室到社會，直視你我的暗黑之心	森田洋司	350
QD1018	編、導、演！眾人追看的韓劇，就是這樣誕生的！：《浪漫滿屋》《他們的世界》導演暢談韓劇製作的祕密	表民秀	360
QD1019	多樣性：認識自己，接納別人，一場社會科學之旅	山口一男	330
QD1020	科學素養：看清問題的本質、分辨真假，學會用科學思考和學習	池內了	330
QD1021	阿德勒心理學講義2：兒童的人格教育	阿德勒	360
QD1024	過度診斷：我知道「早期發現、早期治療」，但是，我真的有病嗎？	H・吉爾伯特・威爾奇、麗莎・舒華茲、史蒂芬・沃洛辛	380
QD1025	自我轉變之書：轉個念，走出困境，發揮自己力量的12堂人生課	羅莎姆・史東・山德爾、班傑明・山德爾	360
QD1026	教出會獨立思考的小孩：教你的孩子學會表達「事實」與「邏輯」的能力	苅野進、野村龍一	350

書　號	書　　名	作　者	定價
QD1027	從一到無限大：科學中的事實與臆測	喬治‧加莫夫	480
QD1028	父母老了，我也老了：悉心看顧、適度喘息，關懷爸媽的全方位照護指南	米利安‧阿蘭森、瑪賽拉‧巴克‧維納	380
QD1029	指揮家之心：為什麼音樂如此動人？指揮家帶你深入音樂表象之下的世界	馬克‧維格斯沃	400
QD1030	關懷的力量（經典改版）	米爾頓‧梅洛夫	300
QD1031	療癒心傷：凝視內心黑洞，學習與創傷共存	宮地尚子	380
QD1032	英文的奧妙：從拼字、文法、標點符號到髒話，《紐約客》資深編輯的字海探險	瑪莉‧諾里斯	380
QD1033	希望每個孩子都能勇敢哭泣：情緒教育，才是教養孩子真正的關鍵	大河原 美以	330
QD1034	容身的地方：從霸凌的政治學到家人的深淵，日本精神醫學權威中井久夫的觀察手記	中井久夫	340
QD1035	如何「無所事事」：一種對注意力經濟的抵抗	珍妮‧奧德爾	400
QD1036	清晰簡明的英文寫作指南：從正確用詞到刪除贅字，藍燈書屋文稿總監幫助你提升寫作力	班傑明‧卓瑞爾	480
QD1037	向編輯學思考：激發自我才能、學習用新角度看世界，精準企畫的10種武器	安藤昭子	450

國家圖書館出版品預行編目資料

邏輯思考的技術：寫作、簡報、解決問題的有效
　方法／照屋華子, 岡田惠子著；郭菀琪譯. --
　三版. -- 臺北市：經濟新潮社出版：英屬蓋曼
　群島商家庭傳媒股份有限公司城邦分公司發行,
　2022.07
　面； 公分. --（經營管理；44）
ISBN 978-626-96153-3-9（平裝）

1. CST: 溝通　2. CST: 思考

177.1　　　　　　　　　　　　　111009335